今こそ 総 合

教師が育つ，子どもが育つ

～総合の学びは学校そして未来を創る～

編著者 鈴木亮太

大日本図書

はじめに

　総合的な学習の時間（以下では，「総合学習」とする）は，今回，2回目の改訂が行われ，創設から約20年が過ぎようとしています。

　平成10（1998）年12月に告示された学習指導要領は，戦後6回目の全面改訂でした。そして，それは20世紀から21世紀への転換期を迎え，21世紀初頭における我が国の初等中等教育の基本的な方向を示したものでした。そのねらいは，子どもたちに「生きる力」を育むことを目指したものであり，当時，我が国は，量的な拡大を目指した時代から質的な充実を目指す時代に転換しようとしていました。人口の減少が始まり，社会の情勢からも子ども一人一人が人間として「どう生きるか」が問われる時代に移りつつありました。この改訂のねらいの第1に"豊かな人間性の育成"，特に社会性を学校教育のなかで育成する必要性をあげています。そのためには，まず，家庭での教育力が必要であり，また地域の教育力の活用も大切です。そのうえで学校も責任ある指導をしなければなりません。つまり，重要なことは，学校と家庭と地域社会が連携して，子どもを育てていくシステムづくりだ，と考えます。そして，子どもは，知識をより多く身に付けること以上に，子どもの「自己教育力」の育成が求められました。まさに，総合学習は，この「自己教育力」を育むもっとも適した学習活動であり，知識を自ら獲得できる能力，それが子どもたちの学力の中核をなすものだ，と考えました。そして，改訂には，2つの目玉がありました。一つが「特色ある学校づくり」，もう一つが，「総合的な学習の時間の創設」でした。この総合学習は，小学校3学年から中学校，高等学校と新設となり，学校種を越えた教育課程の枠組みの変革は，これまでの改訂ではなかったことでした。創設された総合学習は，この学習指導要領において，次のように位置付けられ，記述されました。各教科，道徳および特別活動は，それぞれに一つの章を設けて，その目標，内容等が示していますが，総合学習にはそれらがなく，そのすべてが，総則のなかで集約して提示されました。ここに，総合学習の特質が表れています。総合学習の創設は，各学校で創意工夫を活かした教育活動を，自由に構想・実践できる時代が到来したことを意味しています。意欲的に子どもたちとかかわっていこうとする教師にとっては，思い切って実力を発揮できる時代となりました。反面，教師，特に管理職や行政担当者にとっては，教育活動に対する見識と実力が問われる時代ともなったのです。残念ながら，教師のなかには総合学習の「学び」の重要性を理解はしているものの教師にとって都合のいいことをやってしまい，総合学習の目標に沿った活動がなされ

ていないこともあるのが事実です。特に，中学校においてそれが顕著に見られていることを耳にします。このような状況は，前回の学習指導要領改訂時（2008年）も同じでした。

　そこで，前回の学習指導要領改訂時に初版となった『中学校学習指導要領解説 総合的な学習の時間編』のp.6では，「総合的な学習の時間において，補充学習のような専ら特定の教科の知識・技能の習得を図る教育が行われたり，運動会の準備などと混同された実践が行われたりしている例も見られることや学校間・学校段階間の取組の実態に差がある状況を改善する必要がある」との現場の具体的な様子について記載をして警鐘を鳴らしましたが，現在の中学校現場の状況においてもあまり改善が見られていません。数年前まで公立小中学校の現場にいた私は，形式的な学習活動が多く，授業改善の必要性を感じました。その実態が，決定的となる情報をある大学の２年生の授業（2017/10，38名）で書いてもらった感想文（「小中高での総合学習の思い出」）から得ることができました。その感想文の内容の概略は，次の通りです。概ね，小学校での総合学習については，「有意義な時間だった…」５名，「どんな力が付いたのか，分からないが，楽しかった」６名，「覚えていない，ほかのことをやっていた，パソコンで調べるだけ…」27名でした。そして，中学校での総合学習については，有意義な時間だったとの感想を書いた学生はいませんでした。確かに，総合学習を充実（探究的な学習活動）したものにするには，教師はその準備に多くの時間が費やされるのは事実です。しかし，手間と時間がかかることを言い訳にして生徒にとって重要な学びを削ってしまっては本末転倒であり，上記したこの大学で，私の目に留まった二人の学生の感想文から，その学びの重要さが示されていました。その感想文（一部抜粋）は次の通りです。「総合学習には，地域の方々との交流が多かったように思える。……特に印象に残っているのは，番組をつくる授業で，今の自分の夢にも影響するくらい充実した授業であった」（小学校で），「問題を自分で見つけ，それを解決するというような授業の時間は，自分が受けた総合学習には全くありませんでした。……今，大学に入って問題解決などを授業で行うと，もっと早くからこのような力を身につけたかったな，と思います」（中・高で），この文章を読み，学校現場そして文部科学省で総合学習の仕事に携わった私は，この二人の学生に対して，申し訳ないという思いと嬉しい思いが交差し，私の心にしっかり根付いています。

　私は，前回の学習指導要領の改訂の時期を挟んで６年間，学年主任，教務主任として中学校現場にいました。そこで，同僚の先生方に総合学習をなぜ意欲をもってあまり取り組まないのか，聞いてみました。その答えのほとんどは，「総合学習には教科書がないことが一番大きな

原因で，部活動，受験対策，生徒指導などを理由にして，教師にとって手間のかからない，都合のいい学習活動を多くやってしまっています」と話していました。

　しかし，多くの教師は総合学習の学びの重要性については理解をしているのも事実です。

　このような中学校現場の現状から，私は，「教科書に変わるような本があればいいのかな」と考えました。

　そこで，本書は，日々多忙な中学校の教員の皆さんが，いつ，どこで，どのようにして指導・支援すれば総合学習が充実（探究的な学習活動）したものになるか，一目で分かるようにイラストで具体的な事例や手立てを多く示しています。また，総合学習を校内研修の中心にすると，なぜベストなのか，を総合学習，校内研修の本質についてもふれながら説明しています。ポイントを絞り，ビジュアル的に編集されていますので，本書をいつでも手元に置いてもらい，日々の実践に活用してほしいものです。まさに，中学校総合学習の学びのガイドブックとなっている本書で取り上げた中学校の実践は，私がこの中学校の赴任前に勤務していた小学校の実践を基に計画，実践したものであり，小学校の教員の皆さんにも十分参考になる内容構成となっています。本書は，このようなコンセプトで発刊されたため，執筆陣には国公立，私立の学校現場で担任，管理職として，さらには行政職の立場（2019/3/31現在）で総合学習をリードしてきた実践家をそろえました。

　本書によって，生徒一人一人が，自分への有能感と存在感をもち，「前向きな生き方」のできる人間を育む総合学習が実現するとともに，校内研修が「学校力」の向上につながることを切に願っています。

　以上のような発刊の願いを理解していただき，このような機会をいただいた大日本図書株式会社の藤川広社長，生活・総合科 髙橋均部長および石塚幸子編集長に，この場を借りてお礼申し上げます。

2020年 春

鈴木　亮太

目　　次

第1章　なぜ中学校での総合学習の学びが大切なのか　9

❶ 総合学習が息づく中学校の姿　10

❷ 中学校が魅力的な学びの場であるための学校運営　11

❸ みんなで創るグランドデザインとカリキュラム　12

❹ 総合学習の充実が生み出す好影響　12

❺ 今の時代にこそ，大切にしたい総合学習　16

第2章　校内研修の重要性　17

❶「学び続ける教員」として　18

❷ 教員の「研修」事情は　18

❸ 学校現場の課題として　19

❹「校内研修」の充実のために　21

第3章　総合学習の特質とは　23

❶ 学習指導要領改訂に至った背景　24

❷ 改訂のポイント　24

❸ 総合学習の「学び」とは　～総合学習の特質について～　27

第4章　総合学習が自分を変え，今の自分につながって　33

第5章　4月オリエンテーション前にやっておくべきことは　39

❶ ポイントは3つ　40

❷ 指導計画の概観　40

❸ 外部人材への連絡　42

❹ 予算希望，補助金申請　43

第**6**章　モデルとなる１年間の学習活動の流れ　45

第1節　「一人調べ」を軸にした総合学習　46

STEP1　全校オリエンテーション　48　　STEP5　学習成果の発信　66

STEP2　学年テーマ設定　50　　STEP6　課題解決　68

STEP3　個人テーマ設定　52　　STEP7　地域還元活動　72

STEP4　課題解決　58　　STEP8　学びの振り返り　74

第2節　学校行事等を中心とした総合学習　76

❶　学校行事等を総合学習の時間として位置付けるために　76

❷　総合学習に向けた教師側の準備　78

❸　2学年における学校行事等を活かした総合学習の活動例　84

第**7**章　総合学習を校内研修の中心に
〜「総合学習的校内研修モデル」の提案〜　93

❶　ここまでのまとめ　94

❷　新学習指導要領のキーワードから　95

❸　類似する枠組みから　98

❹　予測困難な時代への対応　100

❺　総合学習的校内研修モデルの提案　104

あとがき　106

執筆者一覧　107

付　録

・城北中学校「総合的な学習の時間」全体計画　108

・城北中学校「総合的な学習の時間」年間指導計画　109

・城北中学校　ユネスコスクール加盟校として育みたい資質・能力　112

第 **1** 章

なぜ中学校での
総合学習の学びが大切なのか

❶ 総合学習が息づく中学校の姿

❷ 中学校が魅力的な学びの場であるための学校運営

❸ みんなで創るグランドデザインとカリキュラム

❹ 総合学習の充実が生み出す好影響

❺ 今の時代にこそ，大切にしたい総合学習

1 総合学習が息づく中学校の姿

　J中学校は，新潟県上越市にある生徒数400人余りの市立中学校です。筆者は，この学校で平成30年度まで4年間校長を務めました。この中学校には，地域の皆さんがよく訪れます。また，生徒も時々地域に出かけて学んでいます。

　ある日の夕方，1年生が総合学習のフィールドワークから帰ってきました。「どんな感想？」と聞くと，「畑の仕事を手伝って，野菜をいただいてきました」とか「お茶のみをして，農家の人と語り合いました」，「初めて牛の餌やりをやりました」などと，楽しそうに話していました。生徒たちは，市内の中ノ俣という高齢化が進む山あいの集落にバスで出かけ，コースに分かれて体験活動をしてきたのです。都市部に住む生徒にとって，緑豊かな山里の中ノ俣の自給的な暮らしや豊かな自然は，とても新鮮に映ったようです。

　この学習を指導した教師たちも，帰ってくるなり生徒の活動の様子を語り始めるほど，大きな手ごたえを感じたようです。企画したN教諭は「生徒たちは，中ノ俣の人々の伝統的な生活技術やお互いに助け合っているコミュニティ，温かいおもてなしに感動したようです。ここから出発する学習が楽しみです」と語っていました。実際，「ナカノマ探」とネーミングされるこの学習は，少子高齢化，山里の生活文化，コミュニティの役割などにかかわる探究課題と結び付いて発展していくことになるのです。

　一方，2年生は地域の将来を考えるために，市役所のシンクタンクの職員を招き，過去から未来に向けての人口の動きや予測，そこから生まれる問題点について，説明を受けました。それを聞いた生徒たちは「このまま人口減少や少子高齢化が続いたら大変なことになる」と危機感を抱きました。そこで，その解決策について探究する一環として，中心市街地をはじめ，地域の活性化に取り組んでいる方々をゲストティーチャーとして招きました。生徒への説明と質疑応答を終えたゲストティーチャーのお一人が校長室に立ち寄り，「中学生がこの地域に関心をもって，将来の在り方を真剣に考えてくれるのがうれしいです。この後も，自分たちにできることを手伝わせてもらいます」と語っていかれました。生徒たちもまた自分が住んでいるところで，大人たちが真剣に地域づくりに励んでいることに心が動かされたようで，その後の「地域活性化プロジェクト学習」に，大変意欲的に取り組んでいきました。

　このような，地域の人々に支えられながら，総合学習を軸に生徒も教師も生き生きと学び合う学校は，どうすれば実現するのでしょうか。次に，学校運営面での工夫，カリキュラムづくりからのアプローチを中心にJ中学校の実践を紹介し，総合学習の充実がもたらした好影響について，具体的に述べていきます。

2　中学校が魅力的な学びの場であるための学校運営

　中学校が生徒にとって，総合学習をはじめとして魅力的な学びの場になることを目指して，Ｊ中学校が取り組んだ学校運営の方策を示します（図1）。

図1

	項　　目	具体的な内容
①	校長がビジョンを語って導く	校長が総合学習をはじめとして，自校の授業が魅力的な学びの場であるためのビジョンと具体策を示します。よりよいカリキュラムの編成と運用が，どんな効果をもたらすのか，教師が明確にイメージできるようにします。Ｊ中学校では，校長が年度当初の学校運営方針説明のなかで，毎年述べています。
②	現状を語り合う	生徒やそれを取り巻く環境などの現状を，職員間でじっくり語り合う機会をつくります。課題はもちろん，育成したい資質・能力，教育資源，その活用の方向性も語ります。Ｊ中学校では，そのような語り合いを，月に1回程度行っています。
③	目標と方法を共有する	語り合ったら，育てたい資質・能力や育成のための方策についてさらに話し合い，共有します。Ｊ中学校では，学校評価と連動させて中間評価を活かしながら，年間サイクルで目標を設定し，グランドデザインに表現しています。
④	時間をつくる	教師が校内研修を行ったり教材づくりを行ったりする時間をできる限り生み出します。Ｊ中学校では，職員会議の大幅な削減，部活動ルールの明確化，OA（オフィス・オートメーション）化，教材の共有化，チーム学校化※，学校の意思決定の合理化，PTAの協力などを積み重ねて，その時間を生み出してきました。
⑤	組織をつくって運用する	学習指導要領等に基づいて，教育を一歩前へ進めるために，組織をつくる，または既存組織を新たに位置付けます。Ｊ中学校では「校長，教頭，主幹教諭，教務主任，研修，総合学習，道徳教育，特別活動，特別支援教育，キャリア教育，理科，社会科の各担当」からなる「カリキュラム創造委員会」を設置しました。また，県や市の教育委員会，地元の教育大学とも連携を図っています。
⑥	広報する	カリキュラム作成や日常の教育活動を積極的に公開し，学校だより，ホームページなどでていねいに広報します。Ｊ中学校は，コミュニティ・スクールのよさを活かして，学校運営協議会等を通じて，地域からの意見や要望を活かしています。

※　子どもや家庭の多様な課題や，教員の多忙化に対応するため，専門家や事務職員らと連携して業務を行う体制化のこと。

3 みんなで創るグランドデザインとカリキュラム

　学校がつくるグランドデザインは，学校がどんな目標をもち，どんなカリキュラムを通して，どう達成していくのか，ビジュアルに表現した学校教育設計書です。

　その作成には，全教職員で当たります。さらに，コミュニティ・スクールでは，学校運営協議会等の意見を踏まえて作成していく必要がありますが，その協議の場は，地域からの理解と協力を得る大切な機会であるといえます。

　J中学校では，カリキュラム創造委員会が中心になって，学校評価結果を受けて，グランドデザインに示す目標群やその達成の方策，運営組織の案を作成しています。作成の過程では，個々の分掌部会や学年部会での協議を通して内容を練り上げています。各部会で話し合ったことは，一定期間校内に掲示して，全体でその考えを共有できるように配慮しています。また，小学校の教育との連続性や発展性を確保するために，知育，徳育，体育，特別支援教育の専門部会を設けて意見交換を計画的に行っています。さらに，学校運営協議会で教育課程全般について年3回の協議を行い，最終的には承認を受けています。J中学校で大切にしていることは，保護者や地域の思いや願いを活かすことと，全教職員がグランドデザインやカリキュラムづくりに参画する機会を設け，その考えを反映できるようにしていることです。

4 総合学習の充実が生み出す好影響

（1）教師のカリキュラム・マネジメント力の高まり

　「総合学習のいろいろな計画をつくってみて，自分の教科とのつながりはもちろん，道徳や特別活動，他の教科が全部つながっていることを実感しました」……これは，J中学校の30代のある教師がつぶやいていたことです。

　総合学習には教科書がありません。目標をはじめ，探究課題やその解決を通して育成を目指す資質・能力もまた，各学校で示さなければなりません。このことから，総合学習の諸計画を学校全体で組織的に作成，運用している学校の教師のカリキュラム・マネジメント力は必然的に高まっていきます。

　J中学校がある上越市では，全ての小中学校でp.14のような「視覚的カリキュラム表」という，総合学習を含んだ全教科等の単元配列表を作成しています。この表では，総合学習をはじめ，各教科等を通して育成したい資質・能力等の関連性をボタンで色別表示することができ，教科等を横断的に育成しやすくなります。その作成や運用もまた，教師のカリキュラム・マネジメント力を高めていきます。

なぜ中学校での総合学習の学びが大切なのか

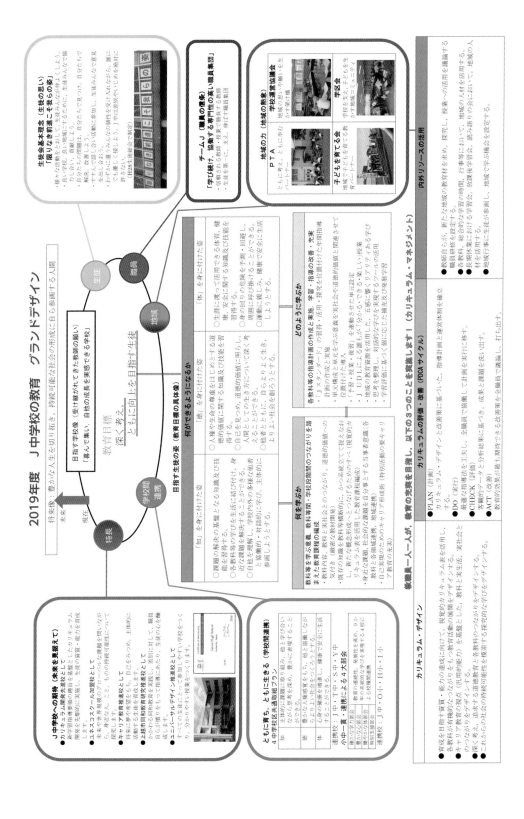

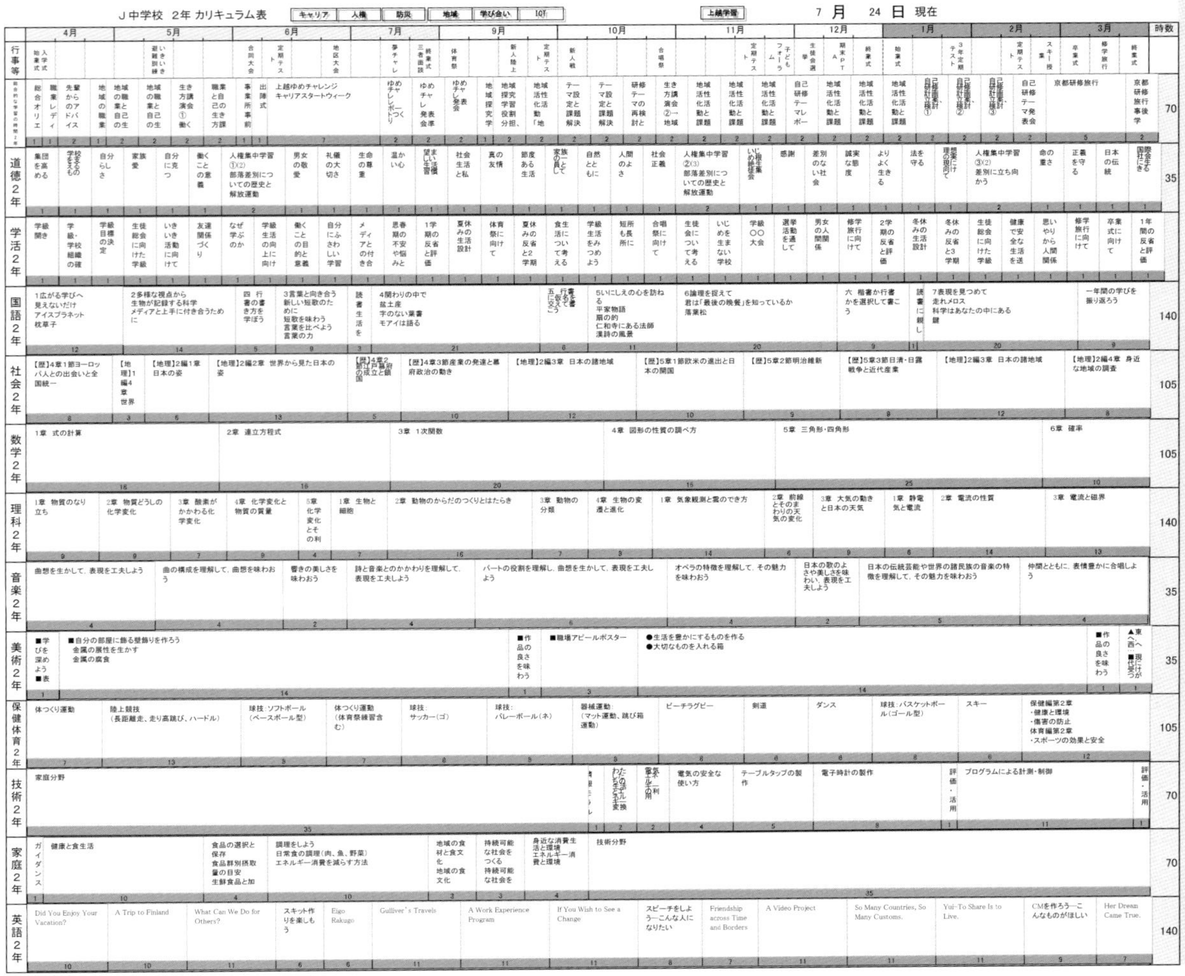

二
年
生
の
学
び

J中学校の視覚的カリキュラム表

（2）教師の地域理解の深化と地域からの学校教育の理解の広がり

J中学校では，長期休業中などに，地域理解のためのフィールドワークを行っています。例えば，学区付近の市街地を歩き，地域づくりを進めるNPOの方から町の歴史や文化について説明を受けます。「この地域に，教材にしたいところが多くあって，驚きました」と，参加した教師が語っていました。この研修が一つのきっかけとなり，「地域のよさを活かした町づくり」を課題とした総合学習が展開されました。また，その翌年には中山間地の中ノ俣で，山里のよさを生かした地域づくりを進めるNPOの協力を得て，フィールドワークを行いました。この研修も，教師たちの探究心に火をつけ，山里に生きる人や自然から学び，地域の将来を考える「ナカノマ探」という単元開発につながりました。

　この職員研修の様子は地元の新聞に取り上げられました。その掲載の当日，学区内の方から「先生方も忙しいなか，この地域について率先して学んでおられることに感動しました。私たちも，力になれることがあったら協力します」と，校長宛に激励の電話をいただきました。生徒の学習や教師の研修を通して学校内外の人間関係の輪が広がり，学校と地域が互いに関心をもち，協力しやすい環境が育まれているという手ごたえを，互いに実感してきているようです。

（3）生徒の学習意欲や思考力，表現力の高まり

　総合学習では，各教科等で身に付けてきた見方・考え方等が総合的に活かされるようにするとともに，総合学習で身に付けた見方・考え方や資質・能力が各教科等で活かされるようにしていくことで，生徒たちはそれぞれの学習の意義を実感し，学習意欲の向上や思考力，判断力等の高まりが自覚できるようになります。

　例えば，総合学習のなかで，「地域別の人口や年齢別人口の推移から人口動態を導き，将来人口や高齢化率を予測して，その結果を地図中に表示する」という学習活動を行うには，数学科や社会科で学んだことを活用します。また，例えば，総合学習において，山里で自給自足的な生活を営むお年寄りからその生活技術を学ぶことは，技術・家庭科の学習に役立つとともに，様々な教科で行われる環境教育にも活かされます。総合学習で学んだことは，特別活動などにも活かされます。p.16上の写真は，

J中学校の生徒会の専門委員長たち
が、「専門委員会間の連携を通して、
より明るく楽しい学校生活を実現する
にはどうしたらよいか」話し合ってい
るところです。生徒たちは、ごく自然
に、総合学習で身に付けたホワイト
ボード・ミーティングの手法を活用し
ていました。

(4) 生徒の地域社会への理解と愛着、社会参画への意欲の向上

　J中学校では、これまで述べたように、身近な地域をステージとした総合学習を展
開しています。この学習を通して、生徒たちの地域への理解が深まり、自ら地域づく
りに参画しようという意欲が高まっています。例えば、生徒会では町内ごとに、町内
会長さんと話し合って、「地域活性化活動」に取り組んでいます。下の写真のように、
夏祭りで一つのテントとイベントを任されるなど、企画段階から生徒が参画している
町内が増えてきています。生徒の意欲や関心の高まりとともに、生徒を地元の大切な

一員として育てようとする地域の人々
の機運の高まりが感じられます。

　さらに、J中学校の卒業生のなかに
は、高等学校進学後も地域づくりにつ
いて学んだり、自ら地域の活動に参加
したりする事例も見られるようになっ
てきています。

5　今の時代にこそ、大切にしたい総合学習

　ここまで述べてきた通り、充実した総合学習は「社会に開かれた教育課程」実現への
扉となり、教師、さらには学校の「カリキュラム・マネジメント力」を高める要素とな
ります。生徒にとっては、探究を通して学ぶ意味を主体的に自覚し、各教科等の学習を
活かして社会や自然と直接向き合う経験を多様に積むことができます。その学習経験と
育まれた力は、現在および将来の様々な課題解決に向けて生きて働くことでしょう。

　教師にとっては、総合学習に本気で取り組むことがカリキュラム・マネージャーとし
ての力量を高め、地域社会や自然と向き合って生徒と共に学ぶ喜びを感得できます。地
域にとっても、将来を担う大切な人材を育てることが、地域コミュニティを元気づける
きっかけになることを実感できるでしょう。

第 2 章

校内研修の重要性

❶ 「学び続ける教員」として

❷ 教員の「研修」事情は

❸ 学校現場の課題として

❹ 「校内研修」の充実のために

1 「学び続ける教員」として

　"平成"から"令和"へと変わった現在，グローバル化や情報化，少子高齢化などの急激な変化に伴い，高度化・複雑化する様々な課題が生じています。そして，このような社会を担う子どもたちに，社会を生き抜く力を育成していくには，教員による適切な指導や支援が不可欠です。そのため，教員自身が学び続ける存在として，自らの資質・能力を高めていく必要があります。文部科学省の中教審答申（2012）では，そうした「学び続ける教員像」の確立の必要性から，これからの教員に求められる資質・能力を以下のようにとらえました。

（ⅰ）教職に対する責任感，探究力，教職生活全体を通じて自主的に学び続ける力（使命感や責任感，教育的愛情）

（ⅱ）専門職としての高度な知識・技能

　　・教科や教職に関する高度な専門的知識（グローバル化，情報化，特別支援教育その他の新たな課題に対応できる知識・技能を含む）

　　・新たな学びを展開できる実践的指導力（基礎的・基本的な知識・技能の習得に加えて思考力・判断力・表現力等を育成するため，知識・技能を活用する学習活動や課題探究型の学習，協働的学びをデザインできる指導力）

　　・教科指導，生徒指導，学級経営等を的確に実践できる力

（ⅲ）総合的な人間力（豊かな人間性や社会性，コミュニケーション力，同僚とチームで対応する力，地域や社会の多様な組織等と連携・協働できる力）

　これらの資質・能力を身に付けたり，高めたりするための取り組みとなるのが「研修」であるといえます。「研修」，すなわち「研究と修養」について，教育基本法には「法律に定める学校の教員は，自己の崇高な使命を深く自覚し，絶えず研究と修養に励み，その職責の遂行に努めなければならない」とあります。つまり「研修」は，教員にとって，当然行っていかなければならないことなのです。

2 教員の「研修」事情は

　教員を巡る「研修」では，以下のような気になる声が現場から聞こえてきます。

- 専門書である教育書を読むことは，代表的な「研修」の一つとなる。しかし，そうした教育書を読む先生と読まない先生の格差が大きくなっている。
- 授業改善等を目指した様々な自主的な研修会やサークル活動が行われているが，昔に比べて，特に若い層の参加者の減少が顕著である。

　これらは，いわゆる「自主研修」に関するものですが，はたして先生方の研修意欲や意識はどうなのでしょうか。筆者の所属していた附属学校では，毎年1回教育研究会を開催していますが，近年，研究会への参加者の減少が悩みとなっていました。その一因としては，学校現場の出張者を出しにくいという台所事情があります。出張者がある場合，出張者の担当の授業には必ず自習監督が付かなければならず，一つの出張に“出張者”と“自習監督”の2名の先生がかかわってくるからです。そのため，現場としては必要最低限の出張以外はなかなか出せないのが現状です。そこで，一昨年度から思い切って，研究会の開催を，学校現場に支障の出ない平日から休日へと代えてみました。先生方が休日に，わざわざ身銭を切って研究会に参加してくれるのかと不安もありましたが，いざふたを開けてみると大幅に参加者が増えたのです。これは，先生方の研修意欲の表れだといえるでしょう。

　先生方が個人で行う「自主研修」が大事であることは間違いありません。しかし，「自主研修」は，先生方それぞれの置かれている状況や環境によって，その機会や時間が大きく左右されてしまいます。そうしたことを踏まえていくと，学校運営を推進していくうえで，それぞれの学校の抱えている課題を取り上げ，意図的，計画的，継続的に行っていく「校内研修」が，研修の基盤になると考えます。

3 学校現場の課題として

(1) 年齢構成の「二極化」

　p.20の資料は，小中学校教員の年齢構成を表したものです。

　ここからは，学校現場の年齢構成の不均衡が明らかに読み取れます。教員の大量退職・大量採用の時期に突入し，いわゆる教員の年齢構成の「二極化」が急激に進行していることが分かります。その結果，学校現場では，もともと多いベテランとともに，若手が増え，それに反して中堅は手薄の状態が続くことになります。学校現場では，こうした「二極化」によって，次のような問題が生じると考えられます。

小中学校教員の年齢構成の推移

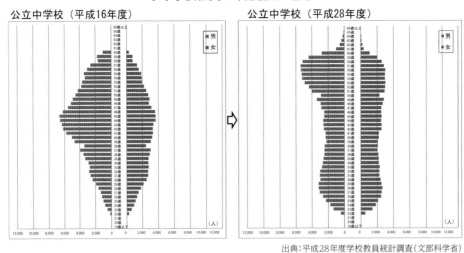

出典：平成28年度学校教員統計調査（文部科学省）

- 若手が増えることによって，経験不足からなる様々な新たな課題を抱える。
- ベテランと若手の価値観などの違いから，ジェネレーションギャップやコミュニケーション不足が起こる。
- 学校の教育活動推進のミドルリーダーとなるべき中堅教員が不足する。

　このように教員の年齢構成の「二極化」は，学校運営で大きな課題となっています。もちろん「校内研修」の取り組みにも大きくかかわってくるのです。しかし二極化は，そうした問題ばかりではなく，ベテランと若手との間に互いに切磋琢磨できる関係ができれば，学校の大きな「強み」ともなるのではないでしょうか。

(2) 求められる「働き方改革」

　教員の多忙化がいわれて久しくなります。筆者が初任者であった30年前でも，既に教員の多忙化解消の会議や研修会等が行われていました。そうした教員の多忙化は解消されるどころか，悪化の一途です。こうした多忙化は日本社会全体の問題として，健康被害や事件，事故等も増大するにいたって，「働き方改革」としてその改善に向けて，大きく動き出しました。その具体としては，労働時間の厳密な管理を行い，増え過ぎた超過勤務時間をいかに縮減して，働く者の生命や健康，幸福を守っていくことです。

　各種のデータが物語っているように，教員の多忙化は様々な業種のなかでも極めて顕著であり，勤務時間は年々増加傾向にあります。文部科学省の平成28年度調査によると，残業時間が月45時間以上の教員の割合は公立小で81.8%，公立中で89.0%です。こうした教員の実態を受けて，平成31年1月に出された中教審の答申では，学校における「働き方改革」の目的を「教師が疲労や心理的負担を過度に蓄積して心身の健康を損なうことがないようにすることを通じて，自らの教職としての専門性を高め，より分かりやすい授業を展開するなど教育活動を充実することにより，より短い勤務でこれまで

我が国の義務教育があげてきた高い成果を維持・向上すること」としています。「校内研修」においても，どのように効率的に進めていくかが，大きな鍵を握っています。

4　「校内研修」の充実のために

(1)「校内研修」を進めていく視点として

　これまで見てきたように，学校における「校内研修」については，次のようなことが明らかになりました。

> ● 「研修」は，教員にとって必要不可欠である。
> ● 学校の課題の解決や教員の資質・能力の向上を目指して，学校の取り組みとして行う「校内研修」が，教員の「研修」の基盤となる。
> ● 学校現場では，教員の年齢構成の「二極化」や「働き方改革」の推進など，「校内研修」の取り組みに大きくかかわる問題がある。

　また，栃木県総合教育センター（2010）は，「自主研修」とは異なる，「校内研修」としての特徴を次のようにあげています。
● 学校の現状に応じて，学校が研修の目標を設定することができる。
● 研修の目標に照らして，学校が研修の内容を決定することができる。
● 研修の日時や方法を，学校が選ぶことができる。
　このように「校内研修」は，学校の「今」を見つめ直し，目の前の現状をどのように改善していくかという非常に現実的で，主体的な取り組みです。さらには，“チームとしての学校の在り方”から，教員一人一人がスキルアップを図り，組織の一員として，その役割や使命に応じて活躍することも求められており，「校内研修」はその実現にも大きく寄与していきます。学校運営において「校内研修」の果たす役割は非常に大きなものといえます。その「校内研修」の充実のためには，「何を」「どのように」行っていくかが大変重要な視点となります。

(2)「どのように」として

　学校現場の課題である年齢構成の「二極化」を強みに変え，「働き方改革」として業務の効率化も求められているなかで，「校内研修」を「どのように」進めていくかの視点の1つが，「OJT」であると考えます。「OJT」とは，「On the Job Training」の略で，「日常の職務を通じて，必要な資質・能力を高めていく意図的，計画的，継続的な人材育成の取り組み」のことです。

　「二極化」には前述の問題ばかりではありません。ベテランは，これまでの経験豊か

な実践的知識や指導技術など，たくさんの知恵をもっています。一方，若手は新しい発想で刺激を与え，硬直しがちな学校の活動を活性化していくことが期待できます。つまり，ベテランと若手がそれぞれのよさや持ち味を出し合えるような場や機会をつくっていくことで，教職員の勤務意識や意欲，資質を向上させていくことができると考えられるのです。また，「研修」を日常的に業務のなかで行うことができれば，「働き方改革」にもつながります。「OJT」は，それらを可能にする取り組みといえます。

「OJT」の具体として，茨城県教育研修センターが作成した『次世代の教職員を育てるために～OJTの進め方～』（2012）では，以下のようにあげられています。

- 日常の職務の中で，役割モデルとなる教職員とともに校務分掌を担当させることで，先輩の助言や姿から日常的に学ぶ機会を意図的につくる。
- 先輩教職員が支援しながら，新たな役割や仕事を任せることで，職務を進めながら資質・能力の向上を図る。
- 共に授業の準備をし，授業後に情報交換を行う。また，授業の相互参観をすることで，互いの指導力の向上を図る。
- 学年会やブロック会，校内研修会を行い，校内研修会等で互いの課題を解決する方法を共に検討することで，課題への対応力を高める。

(3)「何を」として

「校内研修」として，「何を」取り上げるのかも，非常に大切になってきます。「子どもたちの力を伸ばすために，自分たち教員には何が必要なのか」「組織としての学校の力をどのように高めていくのか」等を問い直しながら，「校内研修」のテーマや内容を決めていかなければなりません。例えば，授業力向上や授業改善を目指してテーマを設定したり，新学習指導要領の全面実施のために共通理解を図ったりすることも考えられます。また，コンプライアンス向上や，生徒指導・特別支援対応もあります。

「校内研修」を進めていく“単位”としては，「全体」や「学年会」，「ブロック会」「教科部会」や「校務分掌部会」「テーマ別グループ」「小グループ」等があげられます。小学校の場合，全教科担当が基本のため，テーマや内容は全員で共有できますが，中学校や高校では，教科や専門性の壁があるため，全員で共有できるテーマや内容も限られてきます。国立教育政策研究所の総括研究官の西野真由美氏は，子どもたちの“学びをつなげる”「カリキュラム・マネジメント」の必要性・重要性を強調していますが，この視点も「校内研修」のテーマや内容を絞っていくうえで大切になっていきます。そうしたことを踏まえていくと，特に中学校の「校内研修」では，全員が子どもの指導にかかわっていく総合学習をテーマとしていくことも，「校内研修」の充実につながっていくと考えられるのではないでしょうか。

第 3 章

総合学習の特質とは

❶ 学習指導要領改訂に至った背景

❷ 改訂のポイント

❸ 総合学習の「学び」とは
〜総合学習の特質について〜

1 学習指導要領改訂に至った背景

　今回の学習指導要領の改訂の背景には，今の子どもたちが大人になったときに大きな変化を遂げた時代になっているという予測があります。その予測の根拠の一つとして，人工知能（AI）の革新的進化があげられます。科学の進歩によって，人工知能がさらに進化し，人間の仕事を奪うとまでいわれているのです。確かに人工知能をはじめとする機械は，人間に比べ正確に仕事をします。また，人間が同じ仕事をするよりも遥かに多くの仕事ができることにもなります。今の子どもたちが大人になるころには，現在ある仕事の多くがなくなり，未知の職業が出ているのではないかという話も飛び交っているのです。このように，学習指導要領の改訂には，今後，現在では予想もつかないような変化の大きい時代になるだろうといった予測がその背景にあります。

　一方で，人工知能にはできないこともあります。例えばそれは，目的をもつことです。人工知能は指示されたことに対して正確にたくさん処理することができます。しかしながら，「みんなのために何か取り組もう」「困っている人のために新しいものを作ろう」といったことを提案することはできません。何をするか，その目的を決めるのは，やはり人間なのです。ほかにも，良い悪いを判断したり，正しさ，美しさなどを判断したりすることも人間にしかできないことです。

　こうして考えると，これからの未来が変化の大きい予測困難な時代であったとしても，人間には人間の強みがあることが分かります。たしかに人工知能は，とても便利な道具です。私たちの生活にはなくてはならないほど，様々なところで使われています。しかし，まだ道具に過ぎない，ともいえそうです。その便利な道具を使う人間をどう育てていくか，これが今回の学習指導要領の改訂の一つのテーマといえるかもしれません。

　そのように考えていくと，これから育成すべき人間像も見えてきます。先ほど述べたように，これからの変化の大きい時代でも，適切に判断し，目的を生み出せるような教育がこれからの学校教育に求められているのです。このような時代的背景のもと，学習指導要領の改訂へと至りました。

2 改訂のポイント

(1) 学習指導要領全体にかかわって

　いくつかのポイントがあるのですが，2点説明しておきます。まず1つめのポイントは，子どもたちに身に付けさせたい力を**「資質・能力」**ということばで，はっきりと示したことです。この資質・能力には次の3つの要素があります。

① 「何を理解しているか，何ができるか」（知識及び技能）

② 「理解していること・できることをどう使うか」（思考力，判断力，表現力等）

③ 「どのように社会・世界とかかわり，よりよい人生を送るか」（学びに向かう力，人間性等）

　これまでの学校での学力は①関心・意欲・態度，②思考力・判断力・表現力，③技能，④知識・理解の4観点でした。この4つから，資質・能力の3つへと変わったことは押さえておきましょう。

　改訂のポイントの2つめは，**「主体的・対話的で深い学び」「アクティブ・ラーニング」**の実現に向けた授業改善の推進です。「主体的・対話的で深い学び」は多くの方が耳にしたことがあるかと思います。「主体的・対話的で深い学び」に関する議論はさかんで，「これが主体的・対話的で深い学びだ！」とはっきりいえる授業を示すことは簡単ではありません。人によって意見や考えに違いがあるやや難しいテーマです。ですが，はっきりしていることもあります。2つ紹介します。

　その1つは，これまで学校教育が積み上げてきたことを活かしながら授業改善に向かうことです。これまで私たちが経験してきた学校での教育をすべて忘れて，まったく新しいことを始めなさいということではないのです。むしろ，これまでの学校での教育を土台にして授業改善に取り組もう，ということなのです。授業改善の方向性として，**見方・考え方を働かせること**が重要になるということが示されました。これは各教科ならでは視点や考え方のことです。子どもたちはこれを実社会や実生活で使えるようになることが求められます。これまでの学校での教育を大切にしながら，見方・考え方を働かせるように意識して授業改善しましょう，ということなのです。

　2つめは，単元やある程度のまとまりのなかで見通しと振り返りを設定しながら実現を目指すことです。「主体的・対話的で深い学び」は，1時間ごとの授業だけでできることではありません。単元やある程度のまとまった授業のなかでじっくりと育てていることが大切です。

　ここまでをまとめると，次のようになります。

◎学習指導要領改訂のポイント

①「資質・能力」ということばで，付けたい力がはっきりと示されたこと

②「主体的・対話的で深い学び」の実現に向けた授業改善の推進をすること

　→見方・考え方を働かせることが重要になること

　→単元やある程度のまとまりのなかで見通しと振り返りを設定しながら実現を目指すこと

（2）総合学習の改訂について

　総合学習はまだ歴史が浅く，初めての改訂が平成20年度となりました。そこから総合学習の成果が花開き始めます。全国学力学習状況調査では，「探究のプロセスを意識した学習活動に取り組んでいる児童生徒ほど正答率が高い」という結果が出ました。また，PISAという国際的な学力調査でもそのまま成績の上昇が見られ，学習の姿勢の改善につながったということで，日本の総合学習が評価されています。

　今回の改訂で，総合学習はこれらの成果を受け継ぎながら，さらに磨きがかけられました。では，どのように改訂されたのでしょうか。やや形式的になってしまいますが，一度，ここで総合学習の目標を示したいと思います。

第1　目標

　探究的な見方・考え方を働かせ，横断的・総合的な学習を行うことを通して，よりよく課題を解決し，自己の生き方を考えていくための資質・能力を次のとおり育成することを目指す。

⑴　探究的な学習の過程において，課題の解決に必要な知識及び技能を身に付け，課題に関わる概念を形成し，探究的な学習のよさを理解するようにする。

⑵　実社会や実生活の中から問いを見いだし，自分で課題を立て，情報を集め，整理・分析して，まとめ・表現することができるようにする。

⑶　探究的な学習に主体的・協働的に取り組むとともに，互いのよさを生かしながら，積極的に社会に参画しようとする態度を養う。

　　　　　　　　　　　【中学校学習指導要領（平成29年告示）　解説 総合学習編，8】

　総合学習の改訂のポイントは3つあります。1つめは，**探究的な学習**の重視と各教科で学んだことの**活用の充実**です。詳細は，次節で述べることとしますが，これらは前回の指導要領から引き継がれたものを充実させるものだと考えて差し支えありません。

　2つめは，**目標の変更**です。ここで「探究的な見方・考え方」を働かせるということが示されています。ご存知のとおり，どの教科・領域にも「見方・考え方」という考え方が示されることになりました。総合学習もそれに合わせるように変わっています。総合学習も各教科・領域と同じような枠組みで整理されたのです。

　3つめは，学習内容や指導方法を，より**教科横断的**にすることです。総合学習では，実際の社会や身の回りにある問題を解決する学習を行います。ですが，そういった問題を解決するには，ある特定の教科の学びだけで解決することはできません。そのため，総合学習で取り組む課題についても様々な教科等の内容が入り混じったものにすべきということです。これによって，より実社会や実生活に近い学習ができることになります。

　その他，自然体験やボランティア活動，地域教材，プログラミングなどについても言

及されましたが，基本的には後ほど詳しく述べる「探究的な学習」を基盤に学習を進めることが再度確認されました。

こうして見ると，総合学習に関しては，「大きな改訂があった」というよりは，これまで行ってきた取り組みに磨きをかけるよう変わったと考えてよいでしょう。総合学習では，この探究的な学習を通して学ぶことの重要性が全面に打ち出されています。今後もこの探究的な学習を推し進めていくということを理解しておきましょう。

◎総合学習改訂のポイント
①探究的な学習の重視と各教科で学んだことの活用の充実
②目標の変更
③学習内容や指導方法を，より教科横断的にする

3 総合学習の「学び」とは　～総合学習の特質について～

「総合学習って一体何をする時間なのかイマイチよく分からないなあ」
「内容が決められてないから，やりにくいんだよね」
「総合なんて，行事の準備で消化すればいいんじゃないの？」

　総合学習は，もしかするとこんなふうに思われていることが多い学習なのかもしれません。確かに，教科のように，教える内容が決まっているわけではないですし，教科書があるわけでもありません。場合によっては，教科の時間ではできないような行事の準備に充てられたりすることがあるのかもしれません。これについては目的がしっかりしていれば問題ないことなのですが，悲しいことに受験対策の時間に充てられたりするということも実際に起きているようです。

　中学校の現場は多忙ですから，総合学習で何をしたらいいのかを考える時間が十分取れなかったり，苦肉の策として何かの補充の時間にしたりすることは仕方ない面もあることと思います。ですが，それはもしかすると，ちょっともったいないことなのかもしれません。総合学習は，やり方次第で，生徒にとって大変魅力ある時間にすることもできるからです。魅力ある学習に生徒は意欲を燃やして取り組みます。そして，そういった生徒の姿を目の当たりにできることは，教育にかかわる者としての喜びにもなります。

　ここでは，総合学習にできること，総合学習ならではの特徴を3つ示したいと思います。それは，①生徒が自分のやりたいことにじっくり取り組める，②自分が住んでいる

地域について学習できる，③学んだことが，自分の生き方を見つめ直すきっかけになる，の3つです。

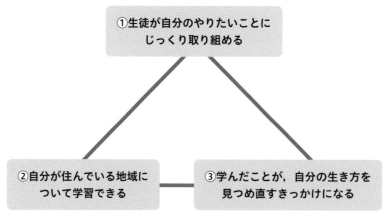

では，この3つについて，順に見ていきましょう。

（1）生徒が自分のやりたいことにじっくり取り組める

　総合学習は，生徒自身が興味をもっていることや関心を寄せていることを取り上げて，それにじっくり長い時間をかけて取り組むことができる学習です。教科では，ある程度内容が定められているため，生徒がやりたいこともその内容の範囲でのことになります。しかし，総合学習では，教科の枠を超え，一つの教科ではとらえきれない課題を扱うことも可能になります。例えば，自分たちの地域をPRするために，地域の紹介動画を作る活動をするといったことも考えられます。

　また，ある教科で学習したことがきっかけとなって課題がつくられ，それについて教科の枠を超えた学習を展開することも総合学習では可能になります。例えば，歴史の学習をきっかけに，自分の地域に伝わる歴史的人物について探究課題を設定して学習するということもあるかもしれません。ほかにも，電磁石の性質を活かし，自分の生活を便利にするものを作るという課題を設定して学習することもできるでしょう。教科で学んだことを活かして学習を広げることができるのが総合学習のよさの一つです。

　時間の面ではどうでしょうか。教科の学習では，単元学習が中心となります。学期にいくつもの単元をこなしていく必要があります。しかし，総合学習では，一つの課題について数か月から，場合によっては年単位で取り組むことも可能になります。長いスパンで学習をすることができます。

　このように，総合学習では，生徒がやりたいことをじっくり時間をかけて取り組むことができます。ここに総合学習の醍醐味があるといえるでしょう。

　その際に提唱されている学習の進め方が**探究的な学習**です。探究的な学習とは，生徒自身が設定した課題，特にこれを**探究課題**と呼びますが，この課題の解決を目指す学習活動です。ですから，探究課題の設定からその解決のための調査やまとめ，その発表までを，生徒自身の責任で進めていく学習になります。自分のやりたいことに取り組める

魅力がある一方で，簡単には投げ出せず，誰か人任せにすることもできない，ある意味では厳しさもある学習だといえます。この探究的な学習をする姿は，学習指導要領で説明されている「主体的な学習」と一致する生徒の姿だといえます。

　生徒は私たち大人と見える世界が異なるため，問題の解決に向けて，ときには遠回りをしたり，要領よく進められなかったりするように見えることもあります。ですが，自分のやりたいことができるのですから，ちょっと難しいことでも乗り越えていこうと意欲を燃やして取り組むことが多いです。さらに，探究的な学習を通して，見える世界を広げたり，知識を増やしたりして解決を目指していくことができます。

　ここで一つ触れておきたいのが，探究課題についてです。生徒の視点から日常生活や社会を見たときに浮き彫りになる問題意識や興味関心に基づいて，生徒自身が探究課題を創ることになります。ただし，いくらやりたいことができるとはいえ，教育の場ですから，そこに学びが成立するかということは重要な問題です。さらに，一人一人が取り組みたい探究課題が違うことも当然考えられます。

　そこで，まずは**教師からテーマを与える**ことをやってみてはどうでしょうか。あまり限定しすぎないゆるやかなテーマを教師から与えることで，学びが成立しない，あるいは，ねらいから大きくそれるという事態は防げそうです。また，生徒は一人一人違った探究課題を設定していたとしても，ゆるやかなテーマでつながることで，生徒同士の取り組みがお互いのヒントになり，教え合いが起こることも期待できます。

　探究課題については，学習指導要領のなかで，**国際理解，情報，環境，福祉・健康などの現代的な諸課題に対応する課題，地域や学校の特色に応じた課題，生徒の興味・関心に基づく課題，職業や自己の将来に関する課題**などが例示されています。こうしたものを参考にしながら，生徒がやりたいことに，じっくりと時間をかけて取り組めるようにしましょう。

生徒が自分のやりたいことにじっくり取り組める

○教科の枠を超えた内容に取り組むことができる。教科の学びをきっかけにした学習もできる。

○数か月，場合によっては年単位でじっくりと取り組むことができる。

○探究的な学習を通して，生徒自身が設定した探究課題を解決する。

○探究課題には，

　・国際理解，情報，環境，福祉・健康などの現代的な諸課題に対応する課題

　・地域や学校の特色に応じた課題

　・生徒の興味・関心に基づく課題

　・職業や自己の将来に関する課題　　　　　　　など が例示されている。

（2）自分が住んでいる地域について学習できる

　総合学習では，自分が住んでいる地域について学習することができます。「地域の学習なら，小学校でたくさんやってきたんじゃないの？」と地域を題材に学習することに疑問を感じる方もいるかもしれません。確かに，小学校，特に低学年では地域に出かけ，学習することは多くあります。多忙な中学校の現場で改めて地域学習をすることに抵抗を感じるかもしれません。しかし，それでも，その地域について学習するということは価値のあることだと思います。その理由を3点ほど説明します。

　1つめは，地域学習は**生徒にとって学びやすさがある**ということです。地域には，その地域ならではの特色や問題が内在しています。それについて詳しいのは，教師よりも実際に生活を営んでいる生徒です。確かに，すぐさま探究課題をつくれるほど問題意識をもっている生徒は多くないかもしれません。しかし，自分の生活する地域のことですから，探究課題につながる「種」はもっているはずです。自分の生活経験を活かした学習ができます。また，実際に調べる活動になったとき，調べる対象はすぐ身近なところにありますから，生徒が問題解決に取りかかりやすいというよさもあります。このように，地域について学習をすることは，生徒の生活経験を活かせること，調べる対象が身近にあるという点で，生徒にとって学習しやすさがあるということがいえます。

　2つめは地域のことを学習するということは，**学んだことがそのまま生徒の生活に反映される**ということです。ごく当たり前のことをいうようですが，生徒が今生活している地域は，今も，これからも生徒が生きていく場です。生徒によっては，生涯その地域で生きていくということもあるかもしれません。地域に目を向け，そこから探究課題をつくり，学習するということは，生徒の生活そのものに変化が起きることになります。「学校で勉強したことは世の中で使うことはないから意味がない」ということをいう人もいますが，それは違います。学んだことをどう活かしたらいいかを生徒がまだ知らないだけです。程度の差はあるかもしれませんが，地域学習のなかで発見した問題を解決することは，生徒の生活に変化をもたらします。そのため，「学ぶ意味」を見いだしやすいということもいえるでしょう。

　最後の理由は，**教科の枠を超えた学びが期待できる**ということです。地域の問題はある特定の教科の学習だけではとらえられるものではありません。生徒が社会に出てから直面する問題も同じです。様々な教科での学びを総動員して問題を解決することになります。ですから，教科の学習を深めることと同じくらい，教科の枠を超えた学びも大切になります。例えば，「過疎」という問題があるとしましょう。その地域の地理的，歴史的な背景を知ることは必要ですし，自然環境についても知る必要があるかもしれません。本やグラフを読み取ることもあるし，それを文章や絵などを使って地域のよさをPRすることもあるでしょう。地域の名産品を使った料理を考え出したり，ゆるキャラで町おこしをしたりするなんていうこともあるかもしれません。今見ただけでも，様々

な教科での学びが互いに手を取り合って解決に向かうことが分かります。

　もちろん，地域の学習以外でも教科の枠を超えた学びをすることは可能です。実際の世の中に起きている問題や，今後生徒が生きていくなかで直面する問題の多くが教科の枠を超えた問題になります。しかし，だからといって，生徒の経験を活かすことができない，あるいは生徒と接点の少ない探究課題に取り組ませることはあまり賢明ではありません。そういう意味では地域の学習は，生徒の身近なことが題材になります。これら地域の学習のよさを踏まえて総合学習に取り組みましょう。

> **自分が住んでいる地域について学習できる**
> ○生徒にとって学びやすさがある
> ○学んだことがそのまま生徒の生活に反映される
> ○教科の枠を超えた学びが期待できる

（3）　学んだことが，自分の生き方を見つめ直すきっかけになる

　総合学習では，学んだことが，自分の生き方を見つめ直すきっかけになります。これは学習指導要領で「よりよく課題を解決し，自己の生き方を考えていく」ということばで表されており，総合学習の目的の一つにもなっていることです。ただ，「生き方」ということばは，字面をそのまま受け止めると，何か今後の人生を決定付けるような大げさなことばに聞こえるかもしれません。少し補足したいと思います。

　「自己の生き方を考える」ということについて，学習指導要領では3つ説明されています。その1つめは，「人や社会，自然との関わりにおいて，自ら生活や行動について考えていくこと」（学習指導要領，p.12）です。「生き方」とは，「どう生きるか」ということです。そして，「生きる」とは，私たちが判断し，行動することの積み重ねです。これは私たちの日常生活のなかで起きていることでもあります。例えば，人と会ったときにどう振る舞うか，問題に直面したときどう対処するか，などについて私たちは適切に判断して行動しようとします。こうした行動の積み重ねが自分にとっての一日となり，一年となり，人生を生きるということになります。自分がどう判断し行動するかを考えることが，ひいては生き方を考えることにつながっていきます。このように，**「生き方を考える」とは，「自分がどうやって生活していくか，どう行動していくかを考えること」**ということが一ついえそうです。

　2つめは，「自分にとっての学ぶ意味や価値を考えていくこと」です。学ぶことの意味や価値について自覚を深めることが大切になります。学ぶよさを知った生徒は，次第によい自分にたるために学ぼうとします。つまり，自分にとっての学ぶ意味や価値を考え自覚することは，「なりたい自分」，「新しい自分」になるための道筋を考えることになります。このことが「生き方を考える」ことだといえるでしょう。

3つめは，「学んだことを現在および将来の自己の生き方につなげて考えること」です。先ほどの2つを活かして自分の将来につなげることだと考えてかまいません。中学生からの視点だと，どんな大人になっていくのかということだと考えてよいかと思います。しかし，これは1つめと2つめがあって初めて成り立つものです。今取り組んだ学習が，すぐさま将来につながるということは難しいものです。これについては次章で事例を交えて詳しく紹介しています。

　ここまで，学習指導要領で示されている「生き方」について説明しました。「自分の生き方を見つめ直すことができる」ということについてもう少しふれておきます。総合学習では，生徒自身がやりたいことにじっくり時間をかけて取り組むことができるということを先ほど説明しました。そして，地域など実際の社会の問題に対して，自分がもっている力を総動員して解決に向かいます。そのため，総合学習で行う探究的な学習は，**その生徒らしさが色濃く反映された学習**になります。そのような探究的な学習をした生徒は，知識が増え，思考力が高まります。さらに，やり遂げた達成感を味わう自分やできることが増えた自分がいることにも気付くはずです。探究的な学習活動を通して得たこの気付きが，自分の生き方の見つめ直しのきっかけとなります。これもまた総合学習のよさといえるでしょう。

> 学んだことが，自分の生き方を見つめ直すきっかけになる
>
> ○「自己の生き方」を考えるということは……
>
> ・人や社会，自然において，自ら生活や行動について考えていくこと
>
> ・自分にとっての学ぶ意味や価値を考えていくこと
>
> ・上記2つを活かして自分の将来につなげること
>
> ○探究的な学習は，その生徒らしさが色濃く反映されたもの。探究的な学習を通して，新しい自分に気付くことができる。そして，それが自分の生き方を見つめ直すきっかけになる。

　以上，ここまで総合学習でできることを見てきました。総合学習は魅力ある学習です。それは生徒に限らず，これを読んでいる先生やこれから先生になろうとしている人にとっても同じです。これをきっかけに総合学習に取り組んでみませんか。

第4章

総合学習が自分を変え，今の自分につながって

総合学習のねらいは，「自分の生き方を考えていくための資質・能力」の育成です。そう考えると，小学校，中学校の総合学習の学びが，その子の生き方・職業につながったと実感できることは，生き方を考えただけでなく，総合学習の学びを人生における自己実現につなげたわけで，まさに，総合学習の究極の学びが実現したことになります。

　そこで，この章では，中学校での総合学習が，今の自分，今の職業につながったと実感している二人の卒業生を紹介します。また，その総合学習を支えた学習活動は，具体的にはどのようなものであったのか。約3か月に渡って毎週，M中の授業を参観してくれた地域の方の感想文を紹介します。

　Yさんは，中学1年生のときの課題は，地元の農業について調べていました。しかし，あまり意欲的に活動できていなかったようです。2年生になり，Tさんの課題設定の発表を聞き，自分にとっては身近な「人，もの，こと」は何か考え，学習テーマについての見直しをしました。そして，2年生での学習テーマを父親の職業である神主について調べることにしました。その後，3年生では，地元の神社の参拝者がもっと多くなるようにそのよさをもっと知ってもらうため，その神社のいいところを調べて，発信する活動を意欲的に行いました。3年間の学習を通して特に考えたことは，「神主は人に希望や人の支えになったりして人に頼られている仕事だということが分かり，将来，絶対になりたい」との思いになっていきました。

　そのYさんは，今，中学校時代の総合学習を振り返ってどう考えているか，書いてもらいました。下記は，その作文の抜粋です。

　私が現在の職に就く第一歩を踏み出すことができたのは、先生の総合学習のお陰です。

　……そんなとき，先生がクラス全体に向けて「将来なる職業は意外と身近にあるものだよ。」と仰った。最初は農業だと思ったがもっと身近なものがあると気付かされた。……

　いろいろ苦労して調べたからこそ、長年経った今でも鮮明に覚えている。

　学生のころからの夢を叶える人はそんなに多くないと思う。だからこそ先生の一言や総合学習という授業のお陰で、神職という誇りある職業に出会えたと思っています。

M中学校 2005年度卒業生 Y.Tさん

次に，Iさんは，中学1年生のときの課題は，地元の漁業「あんこう料理」について調べてあんこう料理店に行き，お手伝いをさせてもらいました。そのなかで，人は人に感謝してもらうことが一番うれしいことで，そのことがうれしくて仕事をしていることを知ることができました。そして，2年生になり，1年生で学んだこととつなげて小学校からの夢である消防士のことについて調べました。地元の消防署へ行き，「なぜ消防士になりたいと思ったのか」「どうすれば消防士になれるのか」「どのようなときに消防士をしていてよかったと感じるのか」などの質問をしました。そのなかで学んだことも1年生のときに学んだように人に感謝されることがうれしいことである，ということでした。そして，より消防士になりたいという思いが強くなりました。そして，3年生になり，「自分を育ててくれた人たちに，自分のできることを見つけよう」という学習テーマにしました。Iさんは1年生時に調べた地元のより海水を養分のあるきれいな海水にするために地元の漁師さんは栃木県の山まで行き植林までしていることを知りました。そのことから，3年生では，自分の住む町にもっと森林を増やして今よりも住みよい町にするために町に提案することを考えました。現地調査を行い，ほかの市町村と比べたりしながら提案文書を町の担当者に届けるなどの活動をして，「提案するだけでも本当に大変だな」との感想を述べていました。そして，3年間の総合学習を通して，人生において大切なことをいろいろと学ぶことができた，との感想を書いていました。そのIさんは，今，中学校時代の総合学習を振り返ってどう考えているか，書いてもらいました。下記は，その作文の抜粋です。

　……その後は、直接消防署へ行き、見学をしてから、消防士の方から直接話を聞くことができるほどになりました。漠然としていた消防士という夢が、一気に現実味を帯びたような気がしました。

　中学を卒業するころには、総合的な学習で学んだことや得た情報をもとに、自分の頭のなかで消防士になるための将来設計が出来上がっていました。

　高校卒業後は、救急救命士という国家資格を取得するために大学へ行きました。この進路選択も中学校の総合のときに「救急救命士という国家資格を持っていると消防士になれる可能性はもっと高くなるよ。」と消防署へ行った際に消防士の方から教えてもらいました。

　そして、消防士の内定をもらったとき、大学卒業後、初めて消防士の服に袖を通したときの感動は今でも忘れません。

　もし、先生に出会っていなかったら、総合的な学習という

授業がなかったら、今の自分はないと断言できます。

　そして今、昔の私のような小学生や中学生が消防署見学に訪れます。見学の最後に私が必ず伝える言葉があります。

　「もし、将来の夢があるなら願っているだけじゃだめだよ、自分から行動しなきゃ。」と。

M中学校 2005年度卒業生 I.Kさん

　では，次には，以上のような中学生が育った授業はどのようなものであったのか。地域の方からの感想（抜粋）を下記で紹介します。

　そして，この地域の方の感想文から実践した総合学習で特によかった点は次のことでした。

　ここでの総合学習の学びは，「道徳」そして「国語」のように感じた，とのことでした。

　学習指導要領に沿った総合学習を展開すれば，必然的にその学びは，探究的，横断的な活動になり，地域の方は「道徳」そして「国語」のようにも感じてくれたのです。

　総合学習を参観させていただいたのははじめてですが，以下に私が感じたことを，２点ほど述べてみたいと思います。
①「道徳」の実践だということ
　最初に学年のテーマに基づき，このテーマをフィルターとして自分のテーマを設定します。
　次に「一人調べ」が始まりますが，グループの仲間，先生，あるいは地域の人々の協力を得ながらテーマについて調べ，報告書にまとめ，最後にクラスの皆の前で発表します。さらに，途中では文献を調べたり，「基調提案検討方式」による中間発表を行ったりするようです。社会では，このように他者とかかわりながら仕事を進めていくのが一般的ですが，これが意外と難しいのです。ですから，「どのように他者とかかわって生きていくか」，これこそが人類にとって最大の，そして永遠のテーマでもあるのです。
　最近は科学技術の発達で機器装置類が氾濫し，困ったことに，自分だけで生きていくことができる，と考えている人たちが増えているとのことですが，これはとんだ錯覚であり，人は精神的にも，もちろん集団のなかでしか生きていくことができません。このことを中学生が自ら体験的に学び身につけていくこと，これこそが生きた「道徳」教育ではないか，私はそのように考えます。
②「総合学習は国語の学習である」ということ
……「総合学習」は，生徒自身が「国語力」の必要性を肌で感じながら学習してい

るのではないか，そのように思いました。ことに最後に「まとめ」を文章に書いて皆の前で発表するわけですが，これには大変な「国語力」が必要とされます。しかし，それを全員が喜んで意欲的に行っている姿を見て，「国語力」が向上している理由が解ったような気がしました。……

　私が参観した授業は，生徒の意欲を引き出し，学習の楽しさを自覚させ，結果的に「道徳的感性」と「国語力」の鍛錬をもしているのですから。もちろんその裏には，学校全体として「教材研究」などの地道な取り組みがあるのだと思います。

前田頌（2006），『8 学校が楽しい』自費出版による，pp.30-36.

第**4**章

総合学習が自分を変え、今の自分につながって

第5章

4月オリエンテーション前に
やっておくべきことは

❶ ポイントは3つ

❷ 指導計画の概観

❸ 外部人材への連絡

❹ 予算希望, 補助金申請

1　ポイントは3つ

　教育現場は多忙です。総合学習は，教員間の連携や外部との連携がほかの教科以上に求められるので，忙しさに拍車がかかることもあるでしょう。そうした現場の台所事情も踏まえて，少し実務的な視点から，4月に生徒との学習が始まる前にやっておくべきことを3つにしぼりました。それは，①**指導計画の概観**，②**外部人材への連絡**，③**予算希望，補助金申請**です。

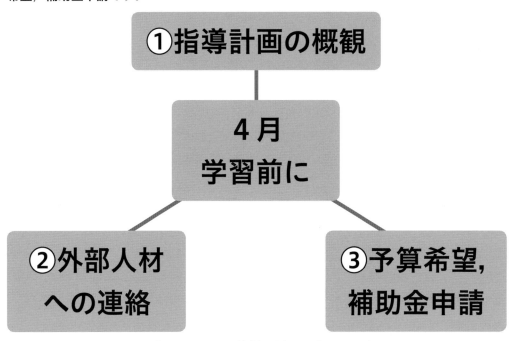

　それでは，それぞれの項目について，簡単に見ていきましょう。

2　指導計画の概観

　学習指導要領では，総合学習を展開するにあたって「指導計画」を作成することが明記されています。これは，どの教科にもあてはまります。指導計画は，おおまかにとらえると，次の3つのレベルに分けられます。

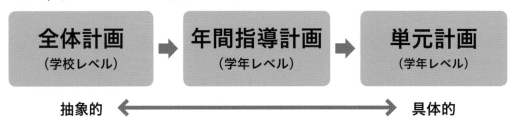

最も抽象的な**全体計画**から，**年間指導計画**，そしてより具体的な**単元計画**へと，移っていくことが分かるでしょう。また，全体計画は学校全体レベルでの位置付けであるのに対し，年間指導計画と単元計画は学年レベルでの位置付けになっています。

こうした指導計画を「作成」すると書かれていると，特に初任の先生や教職を目指す学生は，毎年ゼロから作成しなければならないのか，と不安になるかもしれません。その心配はなく，各学校には，前年度までに作成，見直しを行った計画が用意されています。ですから，実際のところは，そうした計画を活用していくイメージになるでしょう。指導計画の「概観」といったのは，そういった意味合いです。

では，概観するポイントはどこでしょうか。まず，全体計画は**内容**の項目をよく見ておきましょう。そこには，①**探究課題**と②**育成を目指す資質・能力**が書かれているはずです。なぜこの項目に着目するのかというと，これが年間指導計画や単元計画に直結する部分だからです。「こんな課題を設定して，こんな力を育てていけばいいんだ」と，イメージしてから，次の年間指導計画と単元計画の概観へと進むとよいでしょう。

年間指導計画と単元計画では，①**生徒の実態**をいかに盛り込むか，②自分が指導する**教科の専門性**をどのように活かすか，がポイントになってきます。①については，前年度まで受けもっていた生徒たちであれば，実態は把握できているでしょうから，具体的な生徒を思い浮かべながら年間指導計画と単元計画を眺めてみるとよいでしょう。そこでの実態をもとに学習活動を加えたり，修正したりできそうであれば，メモを書き込んでおきます。総合学習は特に，柔軟に計画を修正，改善していくことが求められるので，実践しながら見直していくとよいでしょう。当該年度に初めて受けもつ生徒の場合でも，前年度からの引き継ぎや，同僚からの情報収集によって，ある程度，実態把握は可能です。少しでも生徒の実態にあった計画となるよう，こまめにメモを加えていきましょう。

②については，自分の教科の専門性を発揮するチャンスです。中学校は，ややもすればそれぞれの教科が独立してしまい，なかなか連携をとるのが難しいと批判されることがあります。お互いの専門性を共通理解していくには相応の時間的な余裕がなければなりませんが，実際のところは日々の業務に追われ，そうした時間の確保は至難の業でしょう。ただ，総合学習は全教員の協力が必要不可欠です。人任せというわけにはいきません。そういうわけで，チームとしての学習指導を前に進めるために，少なくとも自分の教科の専門性からできることを探れるとよいでしょう。学校によっては，総合学習と他教科等との関連を明示しているところもありますが，そうでない場合にも，年間指導計画と単元計画のなかで「自分の教科ではここで力を発揮できそうだ」というポイントをピックアップしておくといいと思います。そしてこれもまた，メモを加えることで，いざ修正や改善を行うとなったときのヒントになります。必要に応じて全体計画に戻りながら，整合性を意識するとよいでしょう。

全体計画	年間指導計画 単元計画
内容を見る ①探究課題は？ ②資質・能力は？	メモを加える ①生徒の実態と指導の具体をもりこむ ②教科の専門性を活かす

　このように，全体計画，年間指導計画，単元計画のそれぞれでポイントをしぼって概観することで，短時間で見通しをもつことができるようになります。もちろん，時間の許すかぎりよりよいものにしていくことはいうまでもありませんが，物理的な制約や負担が大きい場合は，このような優先順位付けをせざるをえない，ということです。

3　外部人材への連絡

　総合学習では，地域に根ざした学習活動が期待されています。指導計画を概観すると，例えば，外部から人材を招いて授業をしてもらったり，外部の施設へ体験活動をしにいったりするといった内容が記載されているでしょう。そうした際には，見通しをもって早めに連絡をしておくことが望まれます。

　まずは電話で確認をします。少なくとも**①実施可能時期，②実施規模，③打ち合わせ時期**については確認しておくとよいでしょう。①は，先方の多忙な時期を避けて調整できるように配慮します。②は，大規模な人数の受け入れは難しい場合があるためです。学習形態も，全体なのかグループなのかといったことは伝えておく必要があります。③でも，先方の多忙な時期，時間帯は避けて設定したいものです。

　実際の打ち合わせでは，**①ねらいと内容との関連，②安全面，緊急対応，③個人情報の取り扱い**などを確認しておくとよいでしょう。①は，外部人材とこちらのずれを最小限にとどめるためです。非常に詳しく，難しい講演内容のために，生徒が学ぶ必要性を感じ取れなかった，というケースも見られます。何を目的として学習を行うのか，てい

ねいに説明するとともに，事前，事後の指導にも，どの程度参画してもらえるのか，こちらの見通しも伝えましょう。②では，特に外部の施設を利用する際に必要です。配慮が求められる生徒についても伝えておきます。③では，先方での撮影許可も含めて確認します。なお，必要に応じて謝礼の話もしておくと齟齬がなく話が進むと思います。

　生徒の実態に応じて新たな外部人材の活用を想定するかもしれません。そうした場合には，教育資源のリストが学校で作成されていたり，自治体によっては人材バンクなどを設定していたりするところもあるので，それらをうまく活用するとよいでしょう。

電話で確認		打ち合わせ
①実施可能時期 ②実施規模 ③打ち合わせ時期		①ねらいと内容の関連 ②安全面，緊急対応 ③個人情報の取り扱い

4　予算希望, 補助金申請

　多くの場合，学校には予算委員会が設置されており，4月〜5月に予算要求表や購入希望表を作成し，提出しなければなりません。指導計画と照らし合わせながら，必要な物品などを確認しましょう。総合学習では，外部との連携で謝礼金などが必要になることがあります。学校によっては，講師への謝礼が一律に決まっているところもあるので，事務に確認しておくとよいでしょう。

　また，総合学習を推進するために，補助金や助成金を交付する機関もあります。探究課題の領域と関連付けられそうであれば，見通しをもって早めに確認，手続きをし，大いに活用したいものです。

予算希望の提出	補助金の申請
・必要な物品 ・講師への謝礼	・探究課題の領域と 　関連付けて

第**6**章

モデルとなる
１年間の学習活動の流れ

第1節　「一人調べ」を軸にした総合学習

第2節　学校行事等を中心とした総合学習

第1節 「一人調べ」を軸にした総合学習

　今回（平成29年度告示）の学習指導要領にも示されているように総合学習が目指すものは，「自己の生き方を考えていくことができる」資質・能力だと考えます。この資質・能力を育成するためには学習指導要領に記載されている第1目標（3）「探究的な学習に主体的・協働的に取り組む…」ことが必要であり，M中学校ではそのために，「一人調べ」を軸に，特に話し合いを重視しました。

　以下で，M中学校の総合学習をモデルに「一人調べ」を軸にした総合学習の1年間の学習の流れをイラスト，そしてワークシートなどを織り込みながら解説していきます。

STEP 1 ：全校オリエンテーション

下記の3点について確認します。
　①学習する目的を「学習指導要領」を使いながら確認します。
　②各学年のおおまかな1年間の流れを昨年度の各学年で実施した学習を紹介しながら確認します。
　③「一人調べ」の学習の仕方について確認します。

STEP 2 ：学年テーマ設定

学年ごとに学年（共通）テーマを設定しますが，系統性のある内容とすることが重要です。

STEP 3 ：個人テーマ設定

生徒によっては，個人テーマの設定には，考え・まとめ，そして相談して，また練り直しを繰り返して，1学期を終えることもあります。このことも探究的な学びとしてとらえてください。

STEP 4 ：課題解決

探究的な個人テーマが決まった生徒は，課題解決のための調べ学習に進みます。

〇スキル向上の学習
　必要に応じてスキルの学習も設定します。（PCの使い方，インタビュー，アンケートの仕方，アポイントの取り方など）

STEP 5 ：学習成果の発信

「基調提案検討方式」による話し合い活動で学習成果の発表（発信）をして，フィードバックします。

STEP 6 ：課題解決

発表（発信）したことで，新たな課題が発生し，問い直しを行います。

STEP 7 ：地域還元活動

調べ・まとめ・発表（発信）したことから，今の自分でできることを考え地域で実践します。

STEP 8 ：学びの振り返り

1年間を通して学んだことを『自分の学習物語』（ワークシート），『総合学習文集』（3学年のみ）にまとめ，これからの人生につなげたい。

　M中では，総合学習を毎週木曜日の5・6時間目に2時間連続で行っています。また，木曜日が祝日などで休みの場合には，その週の週時程表を組み替えて，毎週2時間は実践するようにしています。総合学習は教科書がないので，前時までの活動を振り返り，本時の活動を自分で考え，計画して実践し，次の授業に主体的につなげるには，毎週，総合学習の授業を行うことが不可欠だと考えます。つまり「学びの連続性」が総合学習ではとても重要で，1週間の間隔で進めるようにしないとそれは実現せず，学習への問題意識が次から次へとつながっていきません。そして全校一斉に総合学習を実施することで，下記のような利点があります。

> ①学級・学年を超えての学びの交流ができる。
> ②教師もほかの教師の支援・指導の方法について学ぶことができる。
> ③教師同士協力しながら生徒への支援・指導ができる。

M中の実践例（第1学年「わたしの町には，どんな仕事をしながら生活している人がいるの。」）

単元計画（単元構想）【実施授業時数50時間】

> 学年でのオリエンテーション～　○学年のテーマ，○学習方法　などについて
【①～③時間】

⬇

> 私たちの町ではどんな仕事をしながら生活をしている人がいるのか調べ，まとめてみよう
【④～⑤】

⬇

> 調べたことをクラスで話し合おう
【⑥～⑦】

⬇

> クラスの友達からもらった意見などを基に「一人調べ」のテーマについて考えよう
【⑧～⑨】

⬇

> 「一人調べ」のテーマを決めるため，「一人調べ」のテーマの練り直しのため，「地域の方々と語る会」を学校で行おう
【⑩～⑪】

⬇

> 自分のテーマを自力で解決していこう
【⑫～】

⬇

> 1学期，そして夏休みに調べてきたことを模造紙，ワークシートなどにまとめよう
【～㉕】

⬇

> まとめたことを発表（中間発表〔基調提案検討方式による話し合い活動で〕）しよう
【㉖～㉝】

⬇

> 中間発表を基に「調べ直し」をしよう
【㉞～㊳】

⬇

> 「調べ直し」を（基調提案検討方式による話し合い活動で），発表しよう
【㊴～㊷】

⬇

> 学習のまとめとして，地域還元（地域社会に役に立つ）活動を行い，学習の成果を検証しよう
【㊸～㊾】

○なぜ実施するのか, その意義とは…

全体を通して質問は
ありますか。

一人で学習を進めら
れないときは…

先生, 友達, 先輩
からのアドバイス
がもらえるから
がんばれば大丈夫!!

総合学習コーディネーター

　総合学習の時間を, 中学校で1年生は年間50時間, 2・3年生でそれぞれ年間70時間をかけて学ぶのか, その意義について伝えます。

　本校での総合学習の時間の学習活動は「一人調べ」(自己課題設定・自己解決学習)であるということを, 2,3人の生徒の実例をあげながら説明します。

全校オリエンテーション

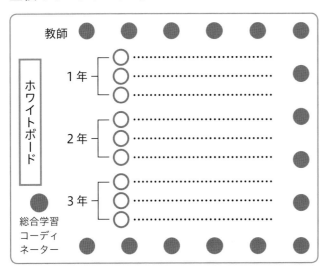

教師

ホワイトボード

1年

2年

3年

総合学習
コーディ
ネーター

　全校オリエンテーションでは, 1時間(60分)をかけて, 体育館, 武道場, ホールなどで行います。

　参加者は, 全生徒, 全教職員で, はじめに, 校長または副校長(教頭)が今日の学習活動について話をします。この後で, 総合学習のコーディネーターから説明をします。そして, 生徒からの質問を受けるため10分程度時間をとり, その質問に対してていねいに答えていきます。

教師の助言

総合は教科書がないので，君たちと先生で学習する内容を考えなければならないんだよ。

学年でテーマを決め，自分でテーマを決めるんだね。（1年生）

管理職は，なぜ中学校で週2時間，総合学習が教育課程に組み込まれているか，また総合学習の学びの大切さを話します。管理職が話すことで，この学習活動の重要性について，生徒も教職員もよりしっかりと自覚することにつながります。学校全体で取り組んでいくんだという雰囲気が生まれます。

総合学習コーディネーターまたは教務主任は，改めて総合学習を学ぶ意義，本校の総合学習の特徴，そして実例をあげながら1年間の大まかな学習活動の流れなどを伝えます。

一人調べとは

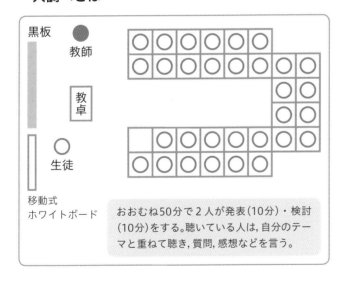

おおむね50分で2人が発表（10分）・検討（10分）をする。聴いている人は，自分のテーマと重ねて聴き，質問，感想などを言う。

「一人調べ」は，なぜ行うのか。それは学習を通して生徒一人一人に「自己実現」をしてほしいとの考えからです。「自己実現」とは，なりたい自分を具体的にもち，その実現に向かって自分なりにめあてをもって，楽しく喜びを感じながら粘り強く取り組んでいることだと考えます。つまり，自分で見つけた課題に自分なりに立ち向かっている姿そのものを指します。「一人調べ」に取り組むことで，その学びが自分の生きること，自分の未来へつなげられるものになると期待したいものです。

「一人調べ」は，一人一研究で授業を進めます。先生，友達，先輩，地域の方，家の人などから助言をもらいながら，最終的には自分の力で探究的な自分の課題（テーマ）を設定しなければならず，この課題設定が大きなハードルになっています。ですので，ここでの教師の支援・指導がとても重要となります。

○教師と生徒ですり合わせをしたい

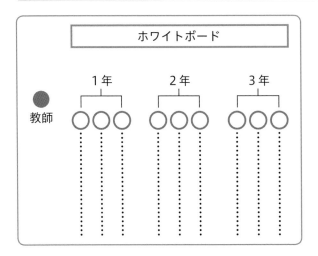

学年でのテーマ設定では，まず教師側から各学年の学年キーワードを生徒に示します。各学年のキーワードは，3年間の学習活動が連続性のある内容になるように前年度に校内の研究部で設定しておきます。そのキーワードから学年テーマを各学年で決めるようにします。また，キーワードについて多くの生徒から修正の意見が出された場合には，その意見を尊重し，十分時間をとって検討をします。

1学年オリエンテーション

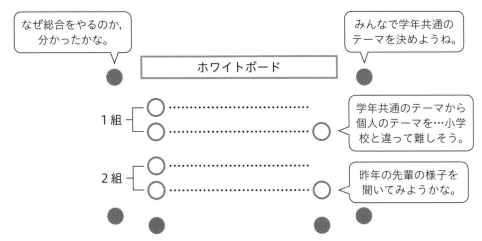

　1学年のオリエンテーションは，中学校に入って初めての総合なので，学年全体で行います。しかしスタートは昨年度の総合の資料を生徒に配り，3～4人のグループで話し合った後に，全体で話し合うようにさせます。

　グループで話し合ったことを代表に全体の場で発表してもらい，誤解している点，疑問点などを全体で共有して総合学習への全体的な理解を深めたいものです。また，学年のテーマ設定に向けては，学年全体から各クラスで，そしてまた，学年全体での話し合いという過程を踏ませたいと考えます。

2学年オリエンテーション

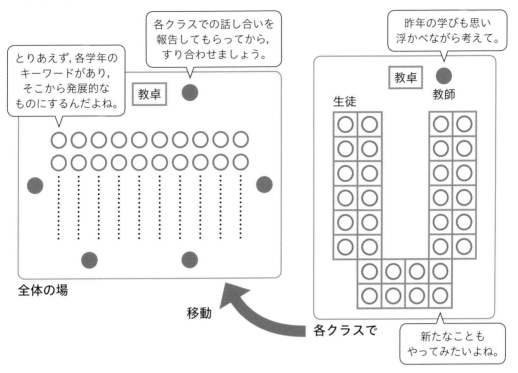

　2学年は，まず各クラスで話し合いをしてから学年全体で行います。各クラスでは，グループで話し合ったうえで，クラスの意見をまとめるようにしたいです。学年での話し合いでは学年主任，または学年の総合担当教員が進行役になって意見をまとめるようにします（もし，提案されたテーマに対し，修正案が考えられた人は来週までに提案するように呼びかけます）。

3学年オリエンテーション

「1，2年生での自分の総合学習を基に，
　今の自分で町にできそうなことを考えてみよう」

3　年　　　組　名前

※書かせるポイント
　・1，2年での学習活動を振り返る。
　・今年の総合学習のなかで今の自分ができることは何かを
　　考える（時間，費用等）。
　・できたら将来の「なりたい自分」とつなげて考える。

　オリエンテーションからワークシートを全員に配り，自分の思い，考えを明確に文章に表現させ「思考力，判断力，表現力等」「学びに向かう力，人間性等」を育てたいと考えます。

　1，2年の総合の学習を3年の学習につなげるため，「今の自分で，町に対してできることを見つけ，発信するような総合にしたらどうか」を投げかけて，3年生の総意をすり合わせるようにします。

3 | 個人テーマ設定

○考えるきっかけを創りたい

来園の方が楽しそうにしている姿を見ることですね。

お仕事をしていてのやりがいは何ですか。

　総合学習では，課題設定までの学習活動がきわめて重要で，特に「一人調べ」では，この個人テーマ（課題）の設定が探究的な内容になるかどうかの鍵となります。どうテーマを設定させるか教師にとってはもっとも重要な指導・支援の場となります。

　学年のテーマから個人テーマを決めるためには，興味をもっている「人・もの・こと」について下調べすることが不可欠です。そのために①～④のような手立てを企てることが有効だと考えます。

　　①街での調査（アンケート）　　③図書室，PC室，総合のコーナーの活用
　　②GT招聘　　　　　　　　　　④先輩からのアドバイス

個人で考える

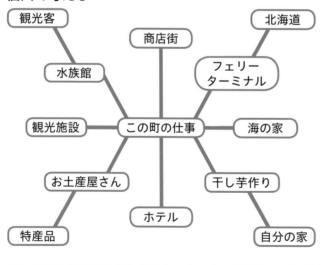

観光客　商店街　北海道　フェリーターミナル　水族館　観光施設　この町の仕事　海の家　お土産屋さん　干し芋作り　ホテル　特産品　自分の家

　「一人調べ」の個人テーマの設定は，基本的には自分で考え，決めることになります。しかし，生徒一人一人が探究的なテーマになるようにするためには，ただ自由に考えさせ，テーマを決定させては，総合本来の学びにはなりません。そこで，考える方法として３つあります。まず１つには，個人でテーマについて考え，興味・関心のある内容について概略を調べ，まとめる（テーマ設定の理由）という個人で考えることがあり，あと２つがグループで考えることと教師と考えることがあります。

　グループ編成は教師側で指示し，能力ごとに分けます。テーマ設定の話し合いなので，内容別にするよりも大切なのは設定の仕方なので，話し合える雰囲気を大切にしようと考えます。

　最終的には教師によって調べ出しのOKを出しますが，テーマ設定には十分時間をかけて取り組ませることが大切であり，生徒によっては夏休み，２学期まで熟慮させることも考えられます。

グループで考える

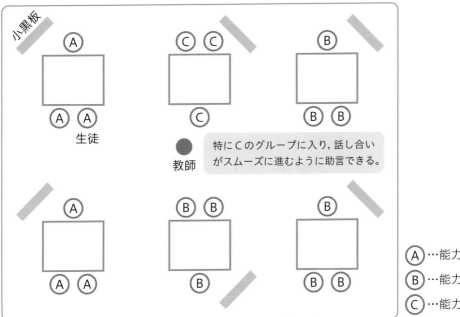

特にＣのグループに入り，話し合いがスムーズに進むように助言できる。

Ⓐ…能力が上位
Ⓑ…能力が中位
Ⓒ…能力が下位

　できたら１グループ（同じくらいの能力の）３人での編成にします。そうすることで，安心して話し合いに参加できることになります。また各グループごとにホワイトボードを配り，話し合いの流れを可視化します。論点を整理するうえで，とても有効です。

※一般的には４人グループでA.B.B.Cの能力くらいで編成しますが，そうするとCの子は，いつもあまり発言できないことが多々見られるので，上記のようなことも考えてもいいのではないでしょうか。

教師と考える

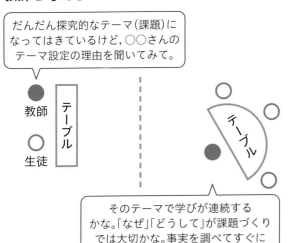

だんだん探究的なテーマ（課題）になってはきているけど，○○さんのテーマ設定の理由を聞いてみて。

そのテーマで学びが連続するかな。「なぜ」「どうして」が課題づくりでは大切かな。事実を調べてすぐに解決するテーマ（課題）では…

　個人テーマを探究的な内容にするため，きわめて大切な支援の場となります。場の設定としては，ここに示した２パターンが考えられます。１つは１対１で行う方法ですが，ここで配慮したいことは，正面を向いての相談ではなく，イラストのようにしてはどうでしょうか。対面するより，この方が気軽で教師に質問ができるのではないでしょうか。２つ目は，１対２・３で相談を行います。友達の教師からのアドバイスを聞くことができるなど自分の課題づくりの参考となります。

○生活に根ざしたテーマにするため，じっくり個人テーマに向き合う場をつくる

　自分のテーマが決まった生徒にクラスのみんなの前で発表させ，テーマについてみんなに検討してもらいます。基調提案することで，自分のテーマが1年間をかけて学習する価値のある内容なのか知ることができたり，新たな問いが生まれて見直したりすることができます。また，この活動から聞いている生徒は，どのように考え，調べることで探究的なテーマを発見することができるかを知ることができます。

　基調提案検討方式の話し合い活動は，テーマ設定時，中間発表時，まとめの発表時等で行います。生徒は一人一回は，この話し合い活動で提案者になります。おおむね一人で7〜8分発表して，15分程度で検討してもらうことになります。

基調提案検討方式の話し合い活動

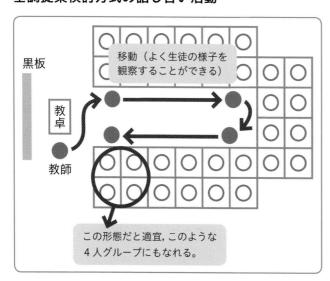

なぜ，コの字型の学習形態にするのでしょうか。

　一般的な学習形態は，教師が黒板を背後に生徒たちの前に立ち，生徒は教師，黒板に向き合い正対する形態です。それに対して，コの字型の学習形態は，教師は黒板から離れ，生徒たちの目の前に立ち，生徒の多くは友達と向かい合うこととなります。

　以下，コの字型の学習形態の利点については，次の通りです。

○生徒の目線が内側に向くので，学び合っている雰囲気をもたせることができます。

○特に話し合い活動では，友達の目線に合わせて発言しやすく，また聞き手も発言者に目線を合わせて聞きやすいでしょう。また友達を近くで感じることができ，「つぶやき」が自然と生まれやすいです。

○グループ（2，3，4人）を瞬時に創ることができ，グループワークしやすいです。

○席の両側，前後に友達がいるので，その学び（つぶやき，ノート，ワークシートの記入等）を参考にしながら活動を進めることができます。

○教師は，コの字の真ん中に立つと瞬時に多くの生徒の学び，友達関係を観察することができます。

○この学習形態をとることで具体的に目に見える形で教師の考えを生徒たちに示すことができます。

テーマ設定時に活用するワークシート

総合的な学習の時間『ワークシート』

3 年 (　) 組 (　) 番　氏名 (　　　　　　　　　)

イメージマップでイメージが広がり，個人のテーマが決まりましたか？
決まったらテーマ設定の理由をまとめよう。自分の思いや考えを書くこと！

　　　　　　1 年生のときのテーマ　　　　　　　　　　2 年生のときのテーマ

今年のテーマ

[　　　　　　　　　　　　　　　　　　　　　　　　　　　　　　　]

テーマ設定の理由は？

発表資料の作り方

○テーマ：
○テーマ設定の理由：

「一人調べ」では，このテーマ設定の理由がもっとも大切だと考えます。そこで，どう書き込んでいくといいのか，ポイントは下記の通りです。

○生活に根ざしたテーマ設定になっているかを熟慮しながら書きます。
○何（人，もの，こと）を根拠にして書きます。　○具体的な理由「なぜ，どうして」を意識して書きます。
○問題解決できそうな内容か吟味して書きます。　○ 2, 3 年生は，昨年度の学習活動とつなげながら考えて書きます。

個別指導

そのテーマでは探究的な内容ではなく，一問一答のテーマですね。

もう一度，考えてみます。また相談します。

　教師による個別指導は，全員が行うことになります。総合学習での「一人調べ」は，自力解決学習ですが，学校内で行う学習活動であり，家庭での夏休みの自由研究ではないのです。そう考えると，教師は生徒一人一人が設定したテーマが探究的な内容になっていて学ぶ価値があり，その子が自力解決できそうな内容なのか，教師が見極めなくてはならないことになります。

○夏休みも大切な学びの期間 … 問題意識を継続させるために

総合学習コーディネーター，または教頭先生等に助けを求めて，一緒に助言してもらいます。

> 何日ぐらいに，いつ，どこで相談をするんですか。

> 適切な相談のできないときはどうすればいいのですか。

> どのような助言をするといいのですか。

　夏休み前に管理職または教務主任を交えて，校内での総合学習研究部部員会を行いたいものです。そして生徒一人一人の「学習状況シート」を基に，夏休みの相談日の日程を決め，またそのシートからその生徒の学習状況をつかみ，助言の仕方についても検討するといいでしょう。

　また，この話し合いで1学期の各学年の進捗状況を踏まえて年間指導計画を見直し，修正することも考えられます。

教師と生徒の相談日

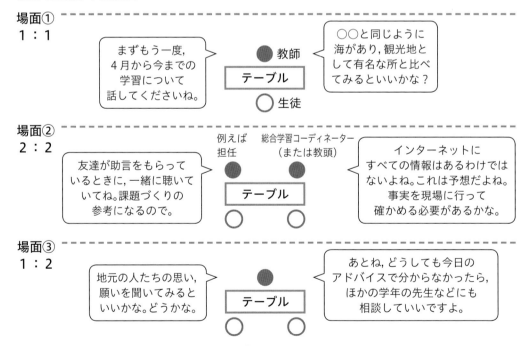

場面①
1：1

> まずもう一度，4月から今までの学習について話してくださいね。

● 教師
テーブル
○ 生徒

> ○○と同じように海があり，観光地として有名な所と比べてみるといいかな？

場面②
2：2

> 友達が助言をもらっているときに，一緒に聴いていてね。課題づくりの参考になるので。

例えば担任　　総合学習コーディネーター（または教頭）
●　　　●
テーブル
○　　　○

> インターネットにすべての情報はあるわけではないよね。これは予想だよね。事実を現場に行って確かめる必要があるかな。

場面③
1：2

> 地元の人たちの思い，願いを聞いてみるといいかな。どうかな。

●
テーブル
○　　　○

> あとね，どうしても今日のアドバイスで分からなかったら，ほかの学年の先生などにも相談していいですよ。

　教師は夏休みの時期でもあるので，場面②のようにすることで，コーディネーターの教師の助言の仕方を聞くことで，貴重な研修の機会となります。

　同じような内容のテーマ，まだテーマが決まっていない複数の生徒に一人の教師が対応すると，友達の相談内容を聞いている生徒も勉強になり，相談後も生徒同士で相談し合うこともできます。

M中1学年の『一人調べ』の学習課題（一部抜粋）

No	名　前	学習課題
1	Kさん	○○町とあんこう料理
2	Aさん	目指せ！ 将来の夢・アシカの飼育員in「アクアワールド○○」
3	Sさん	大冒険！ ○○町の民話
4	Uさん	○○の自然を活かしたおいしい料理大研究
5	Cさん	どうして○○のお茶屋さんに○○市，○○市からお客さんが来るの？
6	Yさん	観光地・○○町と漁業の関係は
7	Rさん	フェリーの○○～○○・○○ルートの果たす役割とは
8	Nさん	「夢」～○○の有名な料理人～
9	Eさん	○○で栽培されている花は？
10	Tさん	「核サイクル○○工学センター」エネルギーそして○○の環境大研究
11	Mさん	自分の家で作っている農作物自慢

上記のTさんがこの課題を設定するまでの教師とのやりとり

Cさん

> このお茶屋さんは，隣の市などからお客さんが来ていてすごいので，このお茶屋さんのことを調べたいです。

> なぜ，○○さんのお茶屋さんなの。

教師

Cさん：私が小さいころからお母さんが働いているお茶屋さんで，お店そして工場にも行ったことがあるので。

教　師：そうなんだね。それは調べがいがあるね。それでそのお茶屋さんの何を調べたいの。

Cさん：どのくらいの人がこの町以外からお茶を買いに来ているのか。

教　師：なるほど。お客さんの人数。

Cさん：そうです。とりあえず人数かな。

教　師：自分のテーマを決めるときのキーワードは何だった。

Cさん：「なぜ，どうして」を意識してテーマを決める，です。

教　師：ということは。

Cさん：分かりました。なぜ多くのお客さんが時間をかけてお茶を買いに来るのかを調べます。

教　師：そうだよね。そんなテーマにすると生活に根差した学びが連続しそうな探究的な課題だと先生は思います。お母さんも喜ぶ調べ学習になるね。がんばってくださいね。期待しています。

○どんな方法なら課題解決できるか …「学び方」を学ぶ

一枚一枚大変な作業なんだけど，なんでこんなに時間をかけてやるんですか。

一枚一枚ていねいに干すことが大切で，手間はかかるけどおいしい干し芋ができるんだよ。

調べる方法として，以下の3つが考えられます。

（1）地域での学習

　地域での学習を進めるうえでとても重要なことは，事業所とのアポイントの取り方です。生徒がアポイントを取る日時を教師は事業所に事前に知らせておいて，生徒に電話させるようにさせたいと考えます。

（2）学校での学習

・PC室，図書室で

・友達，先生または先輩からの情報など

（3）家庭での学習

・家族への聞き取り

・休日を利用しての調査など

　自分の生活に身近なことをテーマにすることで，生徒が地域に目を向け，課題解決意識が芽生えてきます。

　また，必要に応じて，PC，まとめ方，話し合いの仕方などのスキル向上は，学習の進捗状況に応じて適宜実践することが有効です。生徒に必要感を実感させ学ばせるようにしましょう。

地域での調べ学習

何が一番大変ですか。

暑い中での作業が大変です。でも，お客さんのうれしそうな顔を見ると疲れはとれるよ。

　総合学習では，特に調べる活動において実際に自分でその場所まで行って，実社会の様子を五感を使い感じ取ってほしいと思います。つまり，調べる中核は「自分の足」で地道に調べることだと私は考えます。学校全体の教育課程上で，このような実践をするためには，安全面・時間面など配慮することがきわめて大切なので，前年度までには計画を立ててください。

地域での調べ学習に向かうための話し合い活動

板書例

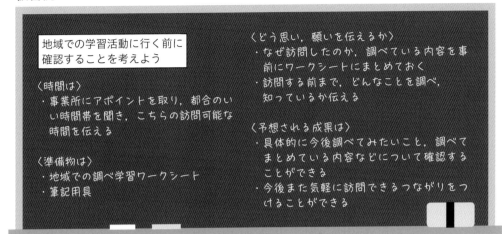

地域での学習活動に行く前に
確認することを考えよう

〈時間は〉
・事業所にアポイントを取り，都合のい
い時間帯を聞き，こちらの訪問可能な
時間を伝える

〈準備物は〉
・地域での調べ学習ワークシート
・筆記用具

〈どう思い，願いを伝えるか〉
・なぜ訪問したのか，調べている内容を事
前にワークシートにまとめておく
・訪問する前まで，どんなことを調べ，
知っているか伝える

〈予想される成果は〉
・具体的に今後調べてみたいこと，調べて
まとめている内容などについて確認する
ことができる
・今後また気軽に訪問できるつながりをつ
けることができる

　生徒が訪問すると予想される事業所に依頼文を作り，前年度までに出向き，協力の依頼をします。

　地域での調べ学習に行く前には，各家庭に学校から文書またはホームページなどで共有して，安全の確保と地域の方々への接し方についても保護者にしっかり指導してもらえるよう確実に伝えましょう。

スキル：アポイントの取り方

分かりました。訪問する目的をワークシートにまとめた通り，しっかりお伝えしたいと思います。

なぜ，訪問したいのか，しっかりお話してくださいね。

　この段階での地域での調べ活動はテーマを設定するために行うので，探究的なテーマが決まっている生徒には行いません。アポイント取りもテーマが決まっていない生徒が行うことになります。

　探究的なテーマにするのに地域での調べ学習がきわめて有効です。それは地域の社会事象に接することで問題意識をもって地域に向くようになり，生活に根差した学びが連続する探究的なテーマになります。特に支援で重要なのは，アポイントを取るとき，事業所に訪問する目的をしっかり具体的にもたせてから行うようにするということです。

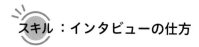

スキル：インタビューの仕方

```
地域の方々への質問用紙
《事業所　　　　　　　》

　　　　　　年　　組　名前

〈質問項目〉
　一つの質問を70〜100字でまとめさせ，
　質問は３つ以内とする。
　　○
　　○
　　○


〈やってみたいこと〉




〈新たな問いは〉
```

　インタビューをする際には左の質問用紙を活用して行います。前もって質問したいことを考えておき，この用紙に記入させるようにします。記入する際には，一つの質問を70〜100字にまとめて書くようにします。自分の考えを決められた字数でまとめる力（要約する力）をこの活動で育てたいと考えます。

　またインタビューでは，事業所の方の目を見て話しができるように助言するようにしましょう。そして最も大切なことは，事業所の方は仕事中だということを踏まえて訪問するという構えが大切です。

スキル：アンケートの取り方

　アンケートを取るにはアンケート用紙を活用しますが，アンケート記入が２，３分で終わるように項目を考えます。事業所でアンケートを取るので安全面を配慮して昼休みの時間を使うようにするとよいでしょう。また，実践するときには，自己紹介をしたうえでアンケートをする目的をしっかり伝えてから実施すると真剣に向き合ってくれることになります。

学校での調べ学習

調べた情報の出典も合わせてメモをしているか，もう一度確認しておこう。

PCを使ううえで，まず学ばせることとして情報モラルの内容があります。それはなぜかといえば，情報社会において行動する私たちが正しい判断をくだすために，身に付けなければならない必要不可欠な内容だからです。

また，情報活用能力も，インターネット上にある情報を活用する際に，情報の真偽や自分にとっての必要性などを見きわめるために必要不可欠な能力となります。

家庭での調べ学習

家庭でのインタビューシート（総合学習）

年　　組　名前

※心構え…インタビューするときは，家族であっても教えていただく先生だと思い，
　　　　　謙虚な気持ちで臨む。

〈質問事項〉
1　どのような流れでお仕事をしているんですか。
2　大変なこと，苦労していることは何ですか。
3　やりがいは何ですか。
4　これから，この仕事をどうしたいですか。
5　その他

〈インタビューしてみて分かったこと，調べてみたいことなど〉

　家庭への総合学習に対する協力依頼は，家庭で子どもたちが調査，体験をするときのマナー，安全確保などについてのアドバイスが主になります。

　例えば，自分の家で乾燥芋の生産をしていて，それが自分のテーマとつながっている場合は，自分の家が「学びのフィールド」になるので，客観的な立場で家庭の人にインタビューしたり，資料を見せてもらったりすることなどが考えられます。

○中間発表をすることで調べ方を見直したり，新たな発見をしたり

　なぜ中間発表を行うのでしょうか。中間発表を行うことで，生徒一人一人の「一人調べ」をみんなに検討してもらうことで，現在の学びを客観的に評価してもらい，新たな発見が生まれ，これからの学び（調べ・まとめ・発信）の見直しのきっかけとなり，その後再び課題解決へとより意欲的に進むことができます。

　上のイラストにあるように，話し合いで教師が板書することは重要な支援だと考える。その目的は下記の通りです。

　○話し合いの経過が可視化できます

　○話し合いの足跡を残し掲示することもできます

　○話し合いを板書することで，生徒に発言しようとする意欲をより喚起することができます，など

話し合い：基調提案検討方式

○発表者…自分のテーマについて，どのように調べ，どのようなことが分かり，どのようなことを考えたのか，自分の追究について発表することで，さらに調べるべきことや，分かりにくいことを知り，または新しい発見が生まれ，より調べる価値のある学習へと進めようとします。

○聞く側…自分ごととして発表を聞く。つまり，自分の追究において調べ考えたことと比較して発表者の追究に検討を加えていきます。そうすることで，自分の活動を振り返り，調べ直しや，考え直しをしなければならない点や新たな問いが生まれ，さらに深い追究活動となります。

第6章

1
▼
4

STEP4‥課題解決

話し合い：グループに分かれて

4人のグループに分れて発表しましょう。一人の発表は5分位で検討の時間は10分位とってください。

では, 自分から発表します。まず, テーマは〜で, テーマ設定の理由は〜です。みんなから質問, 意見を言ってください。お願いします。

「主体的・対話的で深い学び」になるための場の工夫として, 話し合いのさせ方として下記のようなことを行うことで学びが深まるのではないでしょうか。授業の前半では, クラスをいくつかのグループとして話し合いを行い, 授業の後半ではクラス全体で話し合った内容を広めることで, 学びが深まると考えます（この流れの話し合いを実施する際は, 2時間連続がよいでしょう）。

話し合い：学級全体で

クラス全体での発表ですが, がんばります。みんなからのアドバイスを今後の学習に生かしていきますのでよろしくお願いします。

学級全体で〇〇さんのテーマについて検討します。みんなは自分のテーマとすり合わせながら発表を聞き, 助言をしてあげて下さい。

コの字型の学習形態にし, まず学級全体で本時の話し合いについて確認します。そして, ほかのグループでの話し合い内容について聞き, 自分の調査結果や提案と比較し, 自分の調べ方のよさに気付き, 改善点・追加調査する部分を探ることになります。

さらに, 学級全体で協働的にこのような話し合いを積み重ねることで, 学級に学び合う支持的な文化が育まれ, 他教科への学習へのモチベーションが高まり, 「確かな学力」の向上にもつながります。

ここでは板書のポイント，つまり生徒の発言のどこを黒板に書くのかを述べます。板書する一つのコツは，発言者の話を最後まで聞いてから，その内容で一番伝えたいだろうと思ったこと，また聞いていて「あれ，おや」と感じたことをできるだけ短く書くようにします。その際に，場合によって書く前に発言者に「このようなことでいいの」や「こんなことかな」と確認するとよいでしょう。

　また，下の板書にもあるように，板書は黒板の左上から右下に書いていくようにすると話し合いの経過が分かりやすくなります。特に小学校高学年から中学校においては，話し合いの経過を意識して発言することが多いので，このフローチャート的な板書がいいのではないかと考えます。

　本時に気付いてほしい事柄（人・もの・こと）を教師は明確にもち，話し合いに臨むことで，その価値に迫れるようにします。そのためには生徒と生徒の発言の間で教師は適宜「出」（問い直し・コーディネート）ることが不可欠であり，その生徒の発言で，特にその価値に迫る内容の事柄を板書するようにします。また，板書記録は残し拡大して教室に掲示しておくと，総合学習の「学び」が生徒の生活に入り込んでいくきっかけになります。

板書例

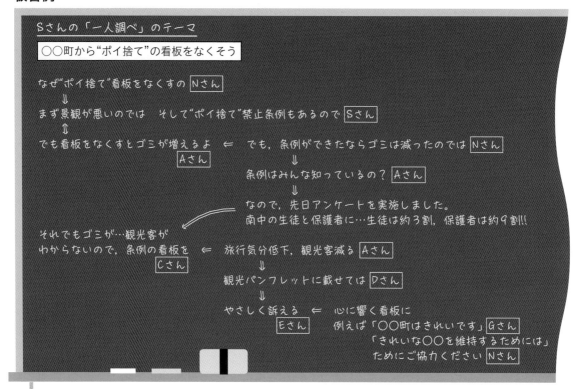

　第3学年は，「自分を育ててくれたこの町に，今の自分でできることを見つけよう」というテーマのもと，1，2年生で学習してきた自分の総合学習を振り返りながら，今の自分でもできそうなことを生徒一人一人が，個別に「一人調べ」のテーマとして設定しました。

　下記は，Kさんの「一人調べ」の中間発表の板書記録です。Kさんは，板書記録からも分かるように漁師さんは○○川の上流まで行って植林をしていることまで調べていることに，クラスのみんなは驚いていて，「漁師さんは地元の海を良質な海水にするために○○川の上流の○○県まで行って植林をしてお魚を取っているとは」など，つぶやきが聞こえてきました。そして，話し合いの終末には，漁師さんの高齢化が進んでいるとの友達の意見があり，Kさんは，「若い人たちの関心を海に向けたい」と話していました。この話し合い活動でKさんにとっては今後の活動の方向性が見える中間発表となり，聞いていた友達も物事の本質を見定めることの重要性などを学ぶ機会となりました。

板書例

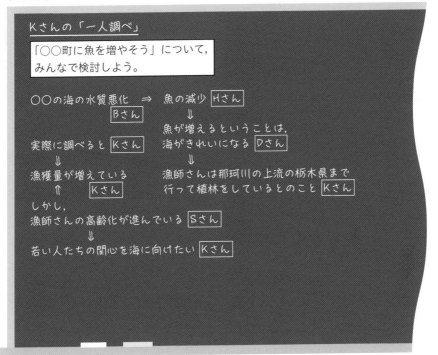

　上記の話し合いの意義は，生徒一人一人にとってテーマの問い直しのきっかけにもなると考えます。「一人調べ」の中間発表で，基調提案検討方式による話し合い活動は，時間的なこともあり全員が行うわけではないのです。しかし，この話し合いを通して，発表者も聞く側もテーマの問い直しをすることになり，より「深い学び」となっていきます。

STEP

5 | 学習成果の発信

○学んだことを発信できるからがんばれる

まとめの発表，冬休みの学習計画作成

　学習の成果を行うことで，調べた内容を再構成することになり，自分の意見を公（クラス，学年，または全校で）に示すことになります。まとめの発表に対して友達の意見から新たな問い，新たな発見があるなど有意義な討議となり，まさに，それが「深い学び」になります。生徒にとっては人前で発表（基調提案検討方式）することは，緊張することになり，支援・指導する教師も大変ですが，発表に向けて，自分で考え，実行することで，生徒一人一人が自立的に学ぶ態度が育まれることになります。

　その発表の方法としては，ポスターセッション，PCによるプレゼンテーション，その他，紙芝居，劇などがあります。筆者の実践で多く見られたのは，模造紙2〜4枚にまとめたポスターセッションでした。

　下記で，それぞれの発表について具体的に解説します。

ポスターセッション

　重要と思われる情報を選んで模造紙数枚にまとめます。文章だけでなく，図やグラフなどを効果的に使い，分かりやすい紙面にするためには表現力が必要となるので，表現力が自然と培われるようにもなります。

　理想的なポスターは発表者が説明しなくても発表内容がほぼ分かる構成であることです。特に大切なことは，タイトルはシンプルに，文章は要点を絞り伝えたいことを平素に簡潔にまとめることがポイントです。

PCによるプレゼンテーション

　PCなどの機器を活用してプレゼンテーションを行う場合は，PCなどの技能習得のための時間を確保したうえで年間指導計画を作成しないと本来の活動時間がなくなってしまうので留意してほしいものです。

紙芝居

○○市のみりょく

　5～10枚の紙芝居にまとめ，5～10分で発表します。絵と会話調のことばで表すことができるので，臨場感のある発表となります。

劇

　もっとも伝えたい場面（内容）を寸劇として発表します。友達2～3人に協力してもらい，5～10分の劇を通して，自分の主張したい点について口頭発表させます。

6 | 課題解決

○冬休みにまとめの活動に向けての個別指導

　夏休みも相談日を設定したが，総合学習を生活のなかに根付かせるためには，冬休みも家に持ち帰って，総合学習をやらせることは第3学期につながる，きわめて大切な学びの機会になります。生徒一人一人の学習状況に応じた計画を立てることができるよう支援していきたいと考えます。そこで下記のように大きく3つの生徒の学習状況を踏まえた計画（例）を示しました。

　中学校では部活動の終了後の1時間程度の時間を使って実施すると無理がないでしょう。

> Aさんタイプ：教師のイメージ通りに学習を進めている生徒
> Bさんタイプ：教師のイメージ通りよりは，やや遅れている生徒
> Cさんタイプ：まだ調べている途中の生徒

Aさん（教師のイメージ通りに学習を進めている）

12/25	なぜこの地域還元活動を行うのかまとめる。（原稿用紙→模造紙に）※パワーポイントも活用したい。
26	
27	
28	相談日① … 相談しにM中に行く。
29	
30	
31	
1/1	
2	
3	
4	協力してくれそうなお店に行って交渉する。
5	
6	相談日② … 相談しにM中に行く。地域還元活動を見直しまとめる。

> どんな形式でまとめるのか，地域還元活動で協力してくれそうなお店とどう交渉するかなど相談する。

Bさん（教師のイメージ通りよりは, やや遅れている）

12/25	（調べて）まとめて仕上げる。（模造紙 3 枚またはパワーポイント）
26	
27	
28	相談日① … 相談しにM中に行く。
29	
30	
31	
1 / 1	
2	
3	
4	地域還元活動をどうするか考え, まとめる。
5	
6	相談日② … 相談しにM中に行く。

どう書きあげるか, またどの
ような活動を地域還元活動
で行うかなどを相談する。

Cさん（まだ調べている途中）

12/25	調べてまとめる。（模造紙 3 枚またはパワーポイント）
26	
27	
28	相談日① … 相談しにM中に行く。
29	
30	
31	
1 / 1	
2	
3	
4	まとめる（模造紙 3 枚またはパワーポイント）
5	
6	相談日② … 相談しにM中に行く。

実際にまとめられそうな内
容なのか, またその内容が地
域還元活動へとつながるの
かなど相談する。

地域還元活動になりうる
まとめ方になっているか
相談する。

○地域還元活動に向けて計画を立てよう

　地域還元活動を行うことで，1年間自分のテーマと向き合い，「一人調べ」（自己課題をつかみ，解決，まとめ，発信する）を積み重ね，分かったことを基に今の自分が地域でできること，自分たちでできることを考え実行する。それが「地域還元活動」であり，学習成果を地域に返す活動をすることで，生徒一人一人が達成感・成就感を実感することができます。

　この活動で地域の人とふれ合う機会は3回目になります。1回目はゲストティーチャーで，2回目は調べている際（インタビュー，見学，ミニ体験，アンケート等）にということになります。

　総合学習を探究的な学習にするには，本物を体験することは不可欠です。特に働いている人の思い（やりがいなど）や願い，そして苦労は実際に体験してみて感じ取ることができます。学習のまとめを発表する際にも，体験してみて感じ，思い，考えたことを話せば，そのことばは力強く，説得力のあるものになるはずです。

お寿司屋さん

```
8:30    自宅を出発

8:45    お寿司屋さん着，M中に電話，着替え

8:45    一日の打ち合わせ（ご主人と）

9:00    店内のおそうじの手伝い

9:30    仕込みなどの手伝い

11:30   お客様の接待

13:30   昼食

14:15   食器洗いなどの手伝い

15:15   ご主人との反省会

15:45   終了

16:00   帰宅，M中に電話
```

　タイムテーブルを作成する際に留意する点は，お寿司屋さんの仕事の忙しさに合わせて予定を組むようにしましょう。また，中学生ができそうで安全な仕事をさせてもらえるよう，生徒，事業主の方，担当教員でしっかり打ち合わせをすることが大切です。

保育所

```
8：30    自宅を出発
8：45    保育所着，Ｍ中に電話，着替え
9：00    園長先生，担当の先生と打ち合わせ
9：40    クラスに入り，園児に対応
12：00   給食の準備
12：20   園児とともに給食を食べる
13：20   園児とともにお昼寝などをする
14：40   園内の清掃
15：00   園長先生，担当の先生などと情報交換
        及び反省会
15：45   終了
16：00   帰宅，Ｍ中に電話
```

　保育所での活動では，園長先生，担当の保育士の先生と十分時間をかけて打ち合わせをすることがきわめて大切です。それは園児は０歳～年長５歳児までいるので，それぞれの発達段階にできるだけ応じて接する必要があるからです。そうしないと，たった一日のことが今後の園の生活に影響したり，最悪の場合，命にかかわることになってしまうので留意したいものです。

水産加工会社

```
8：30    自宅を出発
8：40    加工会社着，Ｍ中に電話，着替え
8：55    担当の方と打ち合わせ
9：10    作業場のおそうじ
9：30    作業場で魚の「開き」作りの手伝い
12：00   昼食（会社のみなさんと）
13：00   作業場で魚の「開き」作りの手伝い
14：00   会社内の清掃
15：00   社長さん，部長さん，作業場の方との
        情報交流及び反省会
15：50   終了
16：00   帰宅，Ｍ中に電話
```

　水産加工会社での活動なので，危険が伴う場所，そして危険な器具を使うことも考えられるので，安全に活動できるよう生徒，事業主の方，担当教員で綿密に打ち合わせをすることが大切です。

7 | 地域還元活動

○学習の成果を地域に返す … 今の自分でできることを

お寿司屋さん

　この生徒の「一人調べ」のテーマは，なぜこのお寿司屋さんは，○○町でも特においしいのかを調べていました。調べていくと，材料の新鮮さとご主人の職人としてのこだわりがあることが分かり，自分も一生をかけた仕事にたどりつけるよう，今は目の前にあることを誠実に最後までやり遂げようとまとめていました。そこで，地域還元活動では，お世話になったお寿司屋さんに行き，朝の仕込みから，昼食の時間，そして昼食後の片づけの時間などをご主人と一緒に仕事をさせてもらいました。

水産加工会社

　この生徒の「一人調べ」のテーマは，母親が水産加工会社（干物工場）に勤めていることもあり，なぜ観光で○○町に来た人はお土産に○○産の干物を買っていくのか，どうやっておいしい干物を作るのかを調べ，まとめました。そこで実際に干物作りをお手伝いさせてもらうことで，実際の苦労，働いている人の思い（やりがいなど）や願いを知ることで，手間ひまをかけなければ人に喜ばれるものは作れないことを知ることができました。

保育所

　この生徒は，人と直接かかわる仕事に興味があり，○○町にある幼稚園，保育所について調べ，○○ならではの活動を幼児に体験させていることなどを知り，幼児期に海岸で遊んだり，科学館，水族館などに行った経験が郷土愛につながっていったりすることなどを学ぶことができました。地域還元活動で母園に行き，実際の生活のなかでの先生，園児の思いを肌で感じることができました。保育所の先生方は，子どもたちが大好きなので，その強い愛情があるからこそ，毎日の大変な仕事ができているんだなと感想をもちました。

お花屋さん

　この生徒の「一人調べ」は，小学校の卒業式にもらった○○産の「カーネーション」について調べ，それぞれにお花をテーマとした自己課題を決め，解決していきました。そこで，それぞれに調べ，まとめた内容を「栞」にし，お店に置いてもらいました。一日，お店で働きながら，お店の人はどのような仕事をどんな思いで取り組んでいるのかを知りたいと考えていました。お花を買いに来るお客さんの多くは，特別な日に買いに来るので，すてきな花をお店にそろえて，お客さんに喜んでもらうことがお店の人の一番の喜びだということに気付きました。

学びの振り返り

○振り返り，これからどうするのか … 究極の学び

総合学習の学びの振り返りとして，３つのパターンが考えられます。

①毎時間の「振り返りカード」を書くことで，生徒は自分の学びを振り返りながら，次時への学びをイメージすることができ，学びが次から次へと連続していくことにつながります。また教師は，このカードから大まかな学習状況をつかむことができ，支援・指導に活かすことができます。

②学期ごとの『自分の学習物語』を書くことで，各学期の学びを振り返り，自己評価，他者（相互）評価にもつながり，客観的に自分の学びを振り返ることができ，「反省的思考」が育まれます。また，裏面では物語のように500 〜 700字の文章で自分の学びをまとめることになり，毎時間の学びを「振り返りカード」などでしっかり記録していないと書き込むことができません。まさに，記述力（書く力）を育てることにもなります。

③３学年の３学期には『総合学習文集』を書くことになります。この文集を書くことで，自分たちの３年間の学びを振り返りながら，「がんばった自分」「もっとがんばれた自分」そして「なりたい自分」を実感することができます。さらに，学ぶことのおもしろさ，大切さ，そして今の自分にもつながっていることなども実感するようになります。また後輩にも学びのモデルとしてこの文集を残すことにもなります。

振り返りカードの項目をなぜ下記の３つにしたのでしょうか？

○今日の学習は楽しくためになりましたか（理由も書きましょう）
その子にとっても主体的な学習が成立していたかどうかをみる項目です。

○今日の学習で参考（勉強）になった友達，先生等の意見はどんなことですか
協働的な学びが成立していたかどうかをみる項目です。

○次の授業で調べてみたい，考えてみたいことは何ですか
今日の学習が次の学習につなげようとしているかをみる項目です。

総合的な学習の時間『振り返りカード』　　　2019.　　　.　　　.

1年（　　　　　）組（　　　　　）番

氏名（　　　　　　　　　　　　）

○今日の学習は楽しくためになりましたか（理由も書きましょう）
今日は、〇〇さんと〇〇さんの発表を聞いて、思ったことはやっぱり自分の気持ちがないと調べても面白くないと思いました。

○今日の学習で参考（勉強）になった友達，先生等の意見はどんなことですか
〇〇先生の意見と〇〇さんに「自分で調べるんだから正直に言っていいんだよ」と言っていました。正直、ぼくは、はじめは「大洗の漁業」を調べていましたが、調べていくうちに「アンコウ」にたどりつきました。

○次の授業で調べてみたい，考えてみたいことは何ですか
アンコウのおいしい食べ方や、アンコウの解体の仕方などを調べてみたいです。

《書かせるための教師の指導》
「自分にとってどうなんだろうか」ということを考えさせました。

《書かせるための教師の指導》
他者とのかかわりで，「あっ」と思うことを意識させました。

《書かせるための教師の指導》
月に１回のペースで「学習状況確認カード」を書いてもらっていたため，多くの生徒は次時の学習イメージがもてていました。また，机間指導のなかで，次時の活動のヒントを与えていました。

　自分の学習物語を活用する利点としては，次のことが考えられます。

《生徒が…》

①自分の学びを振り返ることができます。　②相互評価をして，自分の学習を問い直すことができます。

③自己評価をすることができます。　④自分の学びが成立したか確認できます。

《教師が…》

①生徒一人一人の学習状況に合った支援・指導をすることができます。

②生徒の具体的な活動や内面を見取ることができ，学習のがんばりを具体的に称賛できます。

表面

M中学校第2学年　令和○年度『総合的な学習の時間』
"自分の学習物語"

学習テーマ

「自分たちを育ててくれた○○の町に
今の自分でできることを見つけよう」

月／日	学習活動内容
4/15	全校で，学年で，そして学級で，今年の総合学習の説明を聞く。
4/22	学年全体で学年のテーマ決めをした。
5/6	個人テーマを考えた。
5/13	個人テーマを考えた。
5/20	個人テーマを考え，決定した。
5/28	テーマ（主題）設定の理由を考えた。
6/4	テーマ（主題）設定の理由を考えた。
6/11	テーマ（主題）設定の理由を考えた。
6/17	テーマ（主題）設定の理由を模造紙にまとめた。
6/24	テーマ（主題）設定の理由を模造紙にまとめた。
6/28	テーマ（主題）設定の理由を模造紙にまとめた。
7/8	テーマ（主題）設定の理由を模造紙にまとめ，見直した。
7/15	テーマ（主題）設定の理由をクラスのみんなの前で発表し，検討してもらった。

2学年　　組　名前

【友達】

○○ ○○	○○君は，総合学習の発表の時，みんなも消防士を目指したくなるような中間発表でした。
○○ ○○	○○君の総合学習テーマは去年と，おもしろいところに共通点があり，消防士に対する気持ちが伝わってきました。

【家族】

学習していくなかで「将来は，人の役にたつ仕事をしたい」と大きな夢を将来の自分と一致させ，「消防士を目指す！」のことばに驚いています。1年生のときに学んだお店での貴重な体験と重ねて，夢の実現に向かっていってほしいです。

【地域の方々】

○○ ○○ 消防士	しっかりした態度で，熱心に消防士の仕事について質問していました。ていねいにノートを取りながら聞いていて感心しました。

【教師】

1年生の学習とつなげながら，やりがいのあるテーマが決まりましたね。夏休み，そして2学期の学習もがんばってくださいね。期待しています。

《自己評価》

○自分の課題解決に向かってねばり強く取り組むことができた。
（　A　　B　　C　）

○話し合いにおいて友達の意見，取り組みに耳を傾けることができ，また，自分の意見をすなおに言うことができる。
（　A　　B　　C　）

○地域での体験活動（特に参加型）を通して，地域の人と出会い，その人の生き方にふれ，自分をしっかり見つめられた。
（　A　　B　　C　）

　下記の「自分の学習物語（裏面）」を書き上げるための説明を行います。自分の学習物語を書き上げるためには，表面の「学習記録」をとっておくことが必要になります。なぜならば，自分の学習物語の毎回の学習記録をしっかり記録していなければ，下の学習物語を文章で書くことはできません。下記のように自分の学習物語を書けるのは，まさに総合学習の学びが自分の学びとして成立していることを表すことになるのではないでしょうか。ぜひこのシートを各学校・学級の実態に合わせて活用していただければ幸いです。

裏面

自分の学習物語《1学期編》

　第2学年の総合が4月15日に始まり，今日，7月15日で1学期の授業での活動が終わるが，やりがいのある個人テーマが設定できた。夏休みそして2学期以降もがんばって活動していきたい。1学期の具体的な学習活動は下記の通りである。

4/15（木）全体・学年でオリエンテーションを行った。その後，○○先生から総合についてのアドバイスをいただき，そのアドバイスを参考に，これからの総合の進め方を考えた。

4/22（木）…，5/6（木）…，5/9（日）…
5/13，20（木）…，5/28，6/4，6/11，6/17，6/24，6/28（木）…
7/8（木）…，7/15（木）…

※一部抜粋

　学習物語を書き上げることで，1学期の学習を振り返ることができ，2学期さらに意欲的な学びが期待できるのではないでしょうか。
　また教師側は，この文章を読むことで今後の支援・指導の在り方のポイントをつかむことにもなると考えます。

1 学校行事等を総合学習の時間として位置付けるために

　中学校における総合学習の第1節のモデルは，次のような学校で大いに取り組んでいけるでしょう。

- 学校の運営目標・理念のためにすばらしいリーダーシップを発揮する管理職の存在
- そのもとで管理職の意を汲んで具現化していこうとする意欲的な教員集団の存在
- その学校が長年「総合学習」として続けてきた年間プランや地域素材，人材等の伝統・財産の存在

　第1節のようなモデルを，全中学校が主体性をもって独自に取り組めることが望ましいことです。これなら，生徒一人一人にとって将来に活かせる力を身に付けることができます。そして，何より「中学生のとき，総合学習の時間にこんなことやってね……」と「総合学習」の学びのよさを生徒自身が実感できるはずです。

　しかし，「総合学習を」，「総合学習で」学んできた大学生の大半は前述した経験を積んできているとはいい難いといっても過言ではないでしょう。大学生ばかりでなく，現在の中学生ですら，「中学校の総合学習って何をしているの？」と質問してみると，総合学習の存在は知っていても，何の活動が総合学習なのか，何を学んでいるのか，生徒自身が実感を伴っていないのが現状なのです。さらにいうと，正直なところ，中学校現場の大部分は，総合学習に力を注げない状況にあるといえます。なぜなら，新学習指導要領がスタートする新たな教科観の共有と受験を意識しなければならない教科学習，放課後や休日も行われる部活動指導，宿泊学習や合唱祭等の沢山の学校行事等に向けた取り組み……。そこへ働き方改革の波が押し寄せている昨今。一人の教員が取り組むべき仕事の多様さと量の多さは，以前の学校現場とは比較ならないほどの「質」と「量」を問われているのです。そんななか，総合学習に力を注いで……といっても，疲労感漂う教員からはヨイショと腰を上げないとできないし，「何で今さら総合学習なの？」「注目されている訳ではないのでは？」といった声が聞こえてきそうです。

　そこで，そのような大部分の中学校が抱える諸事情を鑑み，第2節では，ヨイショと腰を上げなくても取り組んでいける「学校行事等を素材にした総合学習の在り方」について説明していきます。さらに，この総合学習によって，学校行事の活性化や各学年での研修の活性化も期待できるものと考えています。

　学校行事は，特別活動の時間の活動であり，その目標もしっかりと位置付けられています。儀式的行事，文化的行事，健康安全・体育的行事，旅行・集団宿泊的行事，勤労生産・奉仕的行事（キャリア教育の時間含）等，多岐にわたる行事が，学校や地域の実態，生徒の実態に合わせて，年間指導計画のもと，各月毎に実施されていることでしょう。これらの行事すべてが，「望ましい人間形成を形成し，集団への所属感や連帯感を深め，公共の精神を養い，協力してよりよい学校生活を築こうとする自主的，実践的な態度を育てる」といった目標達成のた

めのものとなっています。この目標や各行事のもつ意義や価値を考えても，十分に総合学習に活用できる魅力的な活動ばかりといえます。ただし，そのまま総合学習として扱っていいのか，時間をカウントしていいのかというと，そうではありません。そこには必ず総合学習となるための活動を行っていかなければならないのです。「学校行事」を総合学習として位置付けるために，以下の3つのことを大切にしていきましょう。

- ●「学校行事」としての趣旨や目標ばかりでなく，その活動の側面が総合学習の趣旨や目標に則ったものであること（主体は学校行事の目標達成。邪魔をしないことが優先される）。
- ●総合学習の趣旨や目標に則った適切な学習活動が行われていること。つまり，学校行事を活かして，問題解決的な学習，横断的・総合的な学習，探究的な学習となっていること。
- ●「合唱祭ではこんな力が付いた，宿泊学習では…」と，一つ一つの学校行事で身に付けた力や，生徒の成果，意義を「単発」でみるのではなく，1年間のロングスパンで「つながり」としてみていくこと（PDCA的な流れを作り出すこと）。

　これら3つのことを考慮しながら，学校全体で行っていく取り組みとして，3年間を見通した目指す生徒像（目標）を，学校全体で共有していきます。これは，学校の運営目標・理念とのすり合わせが必要となります。また，中学校区の各小学校の総合学習の目標やその具体を，小中連携の協議会等で確認し，目標や出会いの対象が重ならないようにしたり，小学校間での差を配慮したりできるように，3月までに各小学校に確認をとっておくとよいでしょう。4月の早い段階で，主に教務主任，研究主任，総合学習の主任，各学年の総合学習担当等によって，毎年度，前年度の目標と確認しながらの検討を行っていきましょう。その後，4月の教員会議で教員全員に共有化を図ってから，いよいよ各学年での取り組みのスタートとなります。
　本節では，各学年で学年始めにやっておくこと，さらに第2学年での総合学習の具体的な取り組みについて述べていきます。「学校行事等を活かした総合学習」の在り方を述べていきますが，次のような総合学習の構造図をイメージしながら，学びを作り出していってほしいと思います。

第2学年　学校行事等を活かした総合学習の構造図例

※その都度PDCAを繰り返しながら

2 | 総合学習に向けた教師側の準備

1 | 学年の始めに行っておくこと

　教師による学年会や研修で，今年の総合学習の大筋のプランの打ち合わせをしていきます。始めに，総合学習のテーマの設定，出会いの対象となる学校行事等の決定等を吟味していきます。

○テーマの設定

テーマ例

第2学年テーマ
「地域で生きる　－自分のあるべき生き方とは－」

・地域や学校の様々な人の生き方や考え方にふれ，地域での自分たちのあるべき姿や生き方を考える意義をとらえる。

・様々な学校行事等に主体的に取り組んだり，卒業生や地域の人々等から話を聴いたり，これから自分たちはどう生活していくべきか（生きていくべきか）を考えることができる。

・地域で活躍する人々等の生き方から，地域で生活していく自分の在り方を模索し，地域に働きかけていこうとする。

　既存の学校行事等を活かしての総合学習です。このときに大切にしてほしいことは，年間の活動をつなぐテーマ（年間の問い・課題とも考えてよい）の必要性です。年間を貫く，行きつ戻りつできる，生徒の指針となるようなテーマ（問い・課題）を考えていきます。生徒の心にストンと落ちる，そんなキーワード的な短い文言がよいでしょう。その指針となるテーマを学年便りの名前にして，生徒・保護者に分かるようにしている学校も見受けられます。

　基本は，教師側でこのテーマを設定すべきですが，このテーマで活動するのは生徒自身です。生徒が主体的に能動的に活動しようとする推進力のあるものか，また，教師が用意していない未知なる活動を生徒自身がつくり出していく活動の広がりを感じさせるものなのかをも問いながら，学年会等で決めていけるとよいでしょう。

○身に付けたい力

○課題発見・問題解決していく力
- ・適切な課題を設定する
- ・仮説を立て，検証方法や計画を考える
- ・推測，比較，検討等を随時行うことができる
- ・相手や目的，意図に応じた判断，論理的な表現ができる

○主体的に取り組む力（態度）
- ・目標を立て，問題解決のために計画的に取り組もうとする
- ・問題解決のために協働しようとする
- ・生活の在り方を見直し，実践しようとする

○自己を見つめる力
- ・将来のあるべき自分を模索しようとする
- ・地域の一員として，社会活動に参画しようとする
- ・先人や地域の人々に畏敬の念や感謝の思いをもつ

　総合学習のテーマ，目標，身に付けたい力も，各市町村によっては一律に示されている場合も考えられますが，一つ一つの学校に任せられていることを念頭において決定していきましょう。また，以後の説明では，第2学年「地域で生きる　―自分のあるべき生き方とは―」のテーマを基に具体的に示していくことにします。

○活かすことができる学校行事等の洗い出し

職場体験も，今回のテーマに合致する活動なのでは？

2年生ならではとしては，立志の活動がある。総合学習に活かせそうだね。

宿泊は自然体験ばかりでなく，人との出会いが多いよ。

　「活かすことができる学校行事等の洗い出し」とは，「生徒が出会う対象を設定」することです。だからこそすべて，どれでもというわけにはいきません。目標，限られた時間数，部活の大会やテスト期間等も考慮に入れながら考えていきます。また，学校行事のほかに，例えば朝の挨拶運動，部活動壮行会，1年生歓迎会等といった生徒会による自治的活動を取り入れることも可能でしょう。とにかく主役は生徒自身。「させる」のではなく「ささえる」という立場をすべての教師が意識して臨むことが大切です。

　そこで，第2学年テーマ「地域で生きる　―自分のあるべき生き方とは―」では，5月の宿泊学習，8月の職場体験，2月の立志式の活動を総合学習として活かしていくことにします。

【学校行事】

儀式的行事………………入学式, 卒業式, 始業式, 終業式, 修了式, 立志式, 創立記念式典, 親任式, 離任式等

文化的行事………………音楽祭, 文化祭, 学習発表会, 作品発表会, 音楽等の鑑賞会, 伝統文化等の講演会・鑑賞会等

健康安全・体育的行事…防犯・SNS等の指導, 避難・引き渡し等の訓練, 食に関する指導, 体育祭, クラスマッチ等

旅行・集団宿泊的行事…遠足, 修学旅行, 宿泊学習, 野外活動等

勤労生産・奉仕的行事…校外清掃活動, ボランティア活動, 職場体験等

○1年間のスケジュールの作成

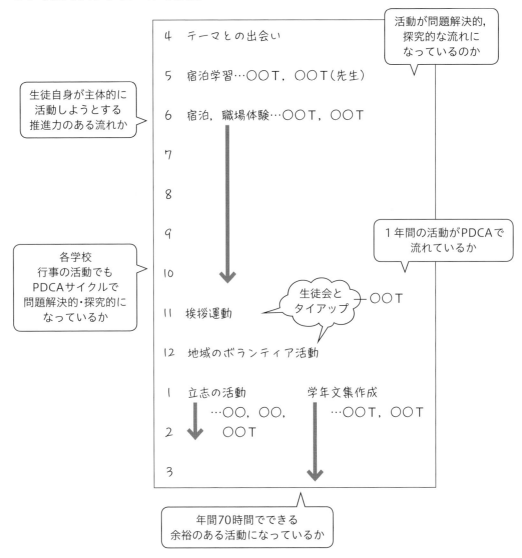

年間の活動を決定したからといって、「これやったら、次はこれね」と決まったことを機械的に取り組んでいくわけではありません。もしかすると（本来、是非そうなってほしいのですが）、生徒が教師の思い描いた以外の活動もつくり出す可能性もあるはずです。活動は、「つながる」ばかりでなく「螺旋を描きながら広がる」イメージをもつことをお勧めします。各中学校においては、毎月毎に何かしらの行事・活動が入ってくるはずです。生徒自身が新たな活動をつくり出すかもしれない、部活の大会やテスト期間、管理・計画訪問等の行事と重なるかもしれないということを考慮に入れ、教師自身が余裕をもって活動に向かわせることができる計画を立てていきたいものです。

　総合学習の活動においても各行事毎に中心2名を据えて、リーダーシップを発揮してもらうようにします。逆に、小規模校になると各行事毎というわけにはいきません。そんなときは、会・活動のプランニング担当、スケジュール管理担当、GT（ゲストティーチャー）・VT（ボランティアティチャー）等の連絡調整担当、プリント作成・配布担当といった分野に分けて、スタッフの個性を発揮してもらうやり方もあります。要は、総合学習では、誰かさんにお任せ的な考えをもたないためにも、誰もが何かしらの責任・分担をもって、教師自身「みんなで」「一緒に」の意識を高めていくことが肝心です。

○協力者の洗い出し

　GTは，有意義な講話や活動を仕組んでくれる方に依頼することになります。「有意義な講話や活動を仕組んでくれる」とは，生徒がその講話を聴いたり活動をしたりすることで，自分（達）の思いや考えとのずれ・ギャップ，疑問を感じることができ，改めて自分を問い直そうすることができるための出会いとしたいものです。

　初めて依頼する場合は，行事の意図にあった講話をしてもらうために入念な打ち合わせをします。過去に依頼した方については，早めに連絡を入れて挨拶を済ませておくとよいでしょう。基本的には地域の人材を活用することが望ましいです。卒業生，地域の企業の代表，地域・地区の長やボランティア活動などを行っている方等を活かして，地域で生徒を育む姿勢が「社会に開かれた」にもつながってくるのです。学校によっては，GTの人材バンクがストックされ名簿等が作成されてい

地域の○○さん，いつもあいさつ運動に参加してくれるよね。

職場体験で地域を盛り上げる様々な人たちと出会えるよね。

る場合もあります。前年度の第2学年担当者に確認をしておきましょう。VTの協力については，予め1年間の行事・活動予定を示したときに，「この行事で約○名のご協力をいただきたい」といった旨の内容を，学年保護者会や便りで知らせておくとよいでしょう。また，PTAの役員・委員の保護者，地域の協力者とも連携をとり，働きかけていただくことも有効です。生徒のためには，様々な人が携わることが大切です。それをコーディネートする役目が教師となってくるのです。

○生徒の姿のみとり方の共有化

ロングスパンで生徒の気付きやその成長から，目指す生徒像（目標）が達成できたかをみとります。納得する成果が上がらなければ，生徒がただ這い回っていたに過ぎない活動となってしまいます。また，成果が上がっていたとしても，教師自身がその姿に気付いてあげなければ，どうしようもありません。どの場面で，どんな姿を期待して，どのような手法でみとるのか，予め学年間で確認・共有をしておくべきなのです。

　自分で自分を客観的に評価できる，そんな生徒の育成を，日々の教育活動全般で重ねていきます。そんな姿の育成のために総合学習での生徒自身の自己評価も一役かうことになります。どんな活動でも，テーマとその活動とを関連付けた振り返りを文章で書き，「総合の足跡」として蓄積していくことにします。「総合の足跡」は，総合のノートやファイル等を活用していきます。また，一人一人ファイリングされた「総合の足跡」を基に，友達と交流し意見の共有化を図る，そんな場を各クラスで設けることも望ましいです。さらには，学年最後に，学年文集等の冊子作成を位置付けておき，自分（達）の学びの過程やそれぞれの成長の足跡が気付けるようにしていくとよいでしょう。

【みとる場面，みとる手法の例】

・大導入での発言，振り返りの感想から

・各行事での取り組む姿から

・各行事を終えての感想や振り返りの場での発言から

・「総合学習」で培った思考や技能等を，ほかの学習や活動で活用している姿から

2 生徒のテーマとの出会わせ方
―大導入であるオリエンテーションのもち方の吟味を工夫する―

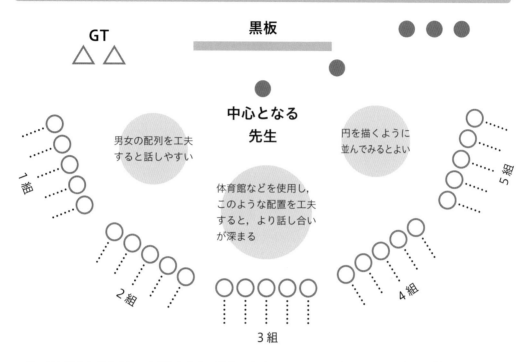

　テーマと出会わせるのは，大導入にあたる最初のオリエンテーションとなります。意外に「今年はこのテーマだから…」と簡単に済ませてしまうことや，ややもするとオリエンテーションはもつものの，総合学習関連の話自体，説明しない学校も考えられます。このオリエンテーションは絶対に疎かにすることはできません。なぜなら，生徒が1年間貫く「〜とは？」という問いをもって，「〜したい」といった主体的に取り組んでいく意欲を高めるためのものであるからです。

　各クラスでテーマをおろすことは，クラス間のモチベーションの差が出てくるのでおすすめはしません。時間がないときでも，少なくとも学年集会の後半を活用するなどして，学年全体におろすのが望ましいと考えます。本来なら，1時間しっかりとって，生徒にとっての学ぶ必然性を感じさせる導入の時間として位置付けていきたいものです。

○総合学習テーマと出会わせるオリエンテーションのもち方例

❶昨年度の総合学習について話し合う

＊どんな活動をしてきたのか

＊そこから何を学んだのか

＊話し合うとき押さえるべき点

1年の総合では
どんな活動を？
何を学んだの？

今年はどんなことを
していくか？
何を学ぶか？

❷VTRを視聴する

　（現3年生の先輩，卒業生の話等）

　※可能であれば，GTとして来校しても
　　らう。

　・GTがどうしてそんな思いなのか話し
　　合う

　・今の自分たちはどうなのか話し合う

> 昨年，自分のこれからの生き方に
> ついて考えたことを今年の進路に
> 活かしていこうと思っているよ。

3年生　　　　　卒業生

> 同じテーマで学んだのを覚えてる。
> 高校に進むとさらに「地域で生きる」って
> こんなことなのかなと実感することがあるよ。

❸今年度のテーマについて話し合う

　「地域で生きる

　　―自分のあるべき生き方とは―」

　＊地域で生きる自分たちのあるべき姿を求めたいという意識を高めて

　＊何を，どうやって学んでいくべきか

❹年間の見通しについて話し合う

　＊教師側で考えている年間で取り組んでいく活動

　＊それ以外にも自分たちで考え出した活動を

❺オリエンテーションを終えての感想を（各クラスに戻って）

> 地域で生きるって，
> どんなことかな。
> いろいろな人に
> 聞いてみないとな。

> 実際に地域で
> 何か体験して
> みないとね。

> これからの進路を含む自分の
> 未来を考えていくことだね。

　オリエンテーションのもち方については，教師主導で生徒と話し合っていく手法や，リーダー的な生徒を前面に押し出し話し合っていく手法，そのどちらも取り入れて行う手法等，やり方は様々です。これは，学校の校風，生徒の実態，教師スタッフの力量等を熟慮していくべきでしょう。

3 | 2学年における学校行事等を活かした総合学習の活動例

1 船中泊,自然体験を伴う宿泊学習を活かした総合学習の活動例

○計画の段階で総合学習の仕掛けを

「総合」の学びもあるんじゃないか？めあてに位置付けてみては？

その地域や行く先でいろいろな人にお世話になるね。

自然体験を重視しなきゃね。

友達とさらに絆を深めることも…

　例えば，客船を利用しての船中泊，北海道への自然体験を行う宿泊学習で考えてみましょう。宿泊学習実行委員を中心に，各クラスでの話し合いからもち寄り，スローガン・テーマを決めて何を学んでくるのか，どんな活動をしてくるのか，守るべきルールは，持ち物は…といった具合で，その内容を決めていくことでしょう。そこで，各クラスの思いをもち寄った第1回実行委員会のときに，教師側からそこに，「地域で生きる　―自分のあるべき生き方とは―」という総合学習の視点を生徒達に意識させていきましょう。生徒に働きかけていくと，最後のめあてのように総合学習の視点が生まれていくはずです。

【宿泊学習スローガン例】
　大自然と文化を学び合おう
【宿泊学習のめあて】
・○○の雄大な自然のなかで，学校ではできない体験活動をする。
・寝食を共にする様々な体験を通して，友情を深め豊かな人間関係を深める。

・集団生活の在り方や公衆道徳を学び，責任ある態度，健康と安全に努める態度，感謝する心などを培い，自立心を高める。
・船中や様々な活動で出会った人の思いや生き方から，自分のあるべき生き方に活かせることを考える。

○総合学習の視点の共有化を図る

　各クラスや学年集会で，スローガンやめあてにある総合学習の視点を確認し，共有化を図ります。また，宿泊当日実施される活動のなかでも，船中の講話やインストラクターのインタビューなどが総合の活動にもつながっていることを意識させていきます。これらを意識して経験するのとしないのとでは，明らかに学びの質が違ってくるため視点の共有化を大切にします。

【宿泊学習の実施のなかでの総合学習の視点】
○船中で船員，ツアーコンダクター等からの講話
○離れた地で読む親からの手紙
○ラフティングのインストラクター等へのインタビュー
○アイヌの民族村の方からの講話

○宿泊学習で

　船員，ツアーコンダクター，ラフティングのインストラクターの方からは，「どうしてこの仕事を」「やりがいは何か」といったキャリア教育の視点から，また，アイヌ民族村の方からはアイヌの地・北海道で生きることの思いや覚悟について，話が聞ける絶好のチャンスとなります。生徒自身が自分や自分の周りの人たちの生活と比較しながら，その人だからこそ，その地域だからこそその生き方を見つめさせるきっかけとなるはずです。

船中で　　　自然体験で　　　民俗村で

働くって…

地域を大切にするって…

私たちの地域と何が同じで何がちがうの？

北海道ならではの…

○宿泊学習での総合学習の振り返り

職場体験での出会いにどう活かす？

印象に残った方は…それは…

あの方たちと出会って自分のこれからに活かせるなと思ったことは…

誰にでもいえることだけどその地域が好きなんだね。

【事後の活動：各クラスで「地域で生きる」を見つめる時間】
○宿泊学習の振り返り（作文でまとめる）を読み合う
○宿泊学習で出会った方々の生き方について考える
　（グループ内での交流）
　・印象に残った人は？
　・それぞれの人の生活ぶり仕事ぶりから
　　自分に活かせることは？
　・出会った人たちの共通点とは？

○この授業から，さらに
　・「地域で生きる」ってどう考える？
　・「職場体験」での出会いにどう活かす？

2 地域での職場体験を活かした総合学習の活動例

　生徒にとって，近い未来には就職し，活躍してもらわなくてはいけない仕事が数多くあります。しかし，この時期になるまでに，未来へのビジョンをもって努力する生徒もいるかもしれませんが，「なりたい職業は？」「働くこととは？」といっても，いまいちピンとこない生徒がほとんどであることは当たり前のことなのかもしれません。そんな生徒と職業とをより身近にするためにキャリア教育の観点からも実施されているのが，この職場体験活動です。この職場体験の目標として，総合学習の目標も含めた次の5つを定義し，生徒に投げかけることにしました。

目標

○教室ではできない体験を通して，望ましい職業観を身に付ける。

○職業生活への意識を高め，自分の進路設計を具体化するための体験学習の場とする。

○職場体験を通して，自分の進路は自分自身で決める自己決定の力を養う。

○体験学習から，奉仕や福祉，社会連帯の心を育む。

○地域で働く様々な人との出会いから，その方々の地域での在り方や生き方にふれ，自分の生き方を見つめようとする。

　このように，各学校の職場体験は，職業観を身に付けたり社会貢献の心を育んだりする等のキャリア学習の場として位置付けられています。ここでは，目標の5番目にもあるように，さらに地域理解することもでき，仕事に取り組むことで自己探究の場ともなっていきます。つまり，総合学習に分かると思います。

　職場体験は，2〜3日間の活動を夏季休業中に行うか，2学期（10月・11月）等の繁忙期ではない時期に実施します。そのため，隣接する中学校と事業者が重なることもあるので，早めに事業所にアポイントをとっておくようにします。筆者の学校では，夏季休業開始から8月下旬の期間のどの日でも対応できるようにして，協力していただける事業所を考慮してきました。以前からお世話になってきた事業所に加え，生徒の実態（進路適性検査等を活用するのも有効）を加味し，保護者からの紹介を得て，新規の事業所も開拓していきました。活動をつくり出すプロセスは，宿泊学習と同様で，①課題設定，②情報の収集，③整理・分析，④まとめ・表現を繰り返していくことを大切にしていきましょう。

【事前の活動】

5月　事業所協力のお知らせ，電話連絡（教師側で分担して）

　　　学年集会①（職場体験活動の大導入）

　　　進路適性検査の実施

　　　事業所決定，挨拶回り（教師側で分担して）

6月　検査の結果をもとに担任と面談

　　　学年集会②（事業所の決定のプロセス確認）

　　　各事業所毎の割り振り（教師）

　　　生徒による事業所へのアポ取り（電話連絡）

　　　ボランティア活動等活動体験保険加入

　　　学年集会③（事業所毎に分かれての話し合い）

　　　生徒による事業所への挨拶回り（手土産，打ち合わせ資料の準備）

7月　職場体験実施

　　　活動写真撮影（教師が分担して）

8月　職場体験実施

　　　活動写真撮影（教師が分担して）

　　　学年集会④

9月　礼状作成，郵送（学年文集に掲載するためコピーを保管）

○学年集会③のもち方例

きちんと仕事こなせるかな。

この仕事,自分に合っているかな。

働きがいって何だろう。

どうしてこの職業を？

事業所A

事業所C

この地域で貢献していることってあるかな？

事業所B

○学年集会④のもち方例　（各事業所毎の発表　※2時間扱い）

ここではこんなことをしていたよ。

私が体験したところも同じことを言っていたわ。

事業所A

事業所B

地域を活性化させたいと言っていたよ。

自分たちは地域に活かされているとも言っていた。

事業所C

事業所D

1　各事業所,活動した生徒の紹介
2　共有する課題の確認
　　※必ず「地域で生きる」に関連する「この地域へ貢献することって行っているのか,それはどうしてか」の強調を
3　各事業所での話し合い

4　ほかの事業所の生徒との話し合い
　　※ジグソー法やオープンカフェ形式の場をもつことで活性化をしていく
　　※「同じ」「違う」意見,考えの共有化を図る
5　学年全体で各事業所での共通性についての話し合い
6　各個人での振り返り（プリントへ）

○事後の活動

　礼状については,感謝のことばだけでなく,その職業そのものの意義,この地域で働くことの意味等,今回の体験から何を学んだのかをまとめるようにしていきます。誤字脱字を確認後全員分を郵送しますが,コピーを必ず保管し,3学期の総合学習の足跡の一つとしてストックしておくとよいでしょう。また,礼状と共に職場体験のレポートも作成します。ただ作成するのではない,学年集会④での発表に使用していくものです。学年集会③で共有した課題について,自分なりに整理・分析したものを表現していきます。教師が撮った写真,その事業所のHPやチラシ等も活用しながらレイアウトを工夫し,分かりやすい見やすい発表表現を行う意識を高めていきましょう。

3 生徒自身が主体的に地域に働きかける活動を活かした総合学習の活動例

　何も学校行事のみを活用するばかりでなく，生徒会が主催する活動等も大いに総合学習と関連させながら取り組んでいくとよいでしょう。「地域で生きる」なのだから，地域に生きる，生活する実感をさらにもたせるためには，学校の身近な人々との出会いやたくさんの活動のなかで育んでいくものであると考えます。

　1学期には宿泊学習，夏季休業には職場体験を行ってきた生徒達。9月の部活の新人戦等の行事を終えた10月〜11月にかけて，総合学習の一環としての活動をつくり出していくべきです。そこで，考えられるのが，地域へのボランティア活動，朝の正門での挨拶運動等です。例えばボランティア活動では，グループに分かれ，主に各地域のゴミ収集活動を行ってみてはどうでしょうか。また，挨拶運動でも日時を分担して生徒が何度か行えるようにするなどの工夫をしていきたいものです。

　ここで，さらに学校近くに住む方々とのふれ合いを生み出していきましょう。必ずといっていいほど，学校に対して良心的に声かけしていただいたり，正門前を清掃してくださったりする，そんな地域の住民がいるはずです。そんな方々と一緒に活動し，その方の思いを聴く場を教師側が意図的に設定していきます。身近な方だからこそ，地域への愛着や生き方，自分たち中学生への思いなどが聴ける場面が多いはずです。「近所の○○さんの思いから」といった学級活動を設け，そこから地域での生き様について話し合ったり，○○さんへの感謝のことばを手紙に添えて渡したりする活動等を通して自分の生き方を考える機会になることを期待したいです。

4 １年間の総合学習の集大成のための活動例 その1
―立志の活動を活かして―

　2学年の3学期は，学年のまとめの時期，3学年受験の意識し始める時期でもあります。そんななかで，1年間というロングスパンで貫くテーマで取り組んできた「総合」も集大成としての時期に入ってきます。そこで，その集大成として，自分たちの学びを「他」に発表したり足跡を残したりする活動をしていきます。発表の場としては，最後の懇談会がある授業参観で発表してもよいでしょう。場合によっては，地域性のある活動とタイアップするやり方も考えられます。ある地域では，2学年で立志式という活動を取り入れています。立志とは，「将来の決意や目標などを明らかにすること」で，武士社会では，現在の14歳のときに，一人前の大人として認められる元服の祝いをしていたことを由来とする活動です。この立志活動での発表と冊子作成の活動を位置付けることにします。どちらも実行委員が中心となって企画し，その準備物やスケジュール管理も自分たちで取り組ませることにします。この時期ともなると，生徒会や学級委員，部活動の部長等，あらゆる立場で中心になりリーダー性を発揮する生徒が多くいるはずです。もちろんそんな生徒ばかりでなく，新たにリーダー性を発揮してほしい生徒に働きかけていき，生徒主体の活動としたいところです。そこでは，宿泊学習や職場体験等の行事の学んだやり方や培った力を総動員して，つどいの計画進行を推進させていきましょう。

【立志の活動例】当日の活動

　8：45　　出発式
　　　　　　徒歩で○○神社へ

　9：30　　○○神社で，ご祈祷

　11：00　　○○歴史館見学

　12：30　　学校到着
　　　　　　弁当・豚汁（保護者の手伝い）

　13：30　　立志のつどい
　　　　　・今年を振り返って（DVD上映）
　　　　　・「地域で生きる自分のあるべき生き方」発表（全員でも代表でも可）
　　　　　・全員合唱
　　　　　・学校長より励ましのことば
　　　　　・講演「　　」
　　　　　・参観された方からの感想
　　　　※保護者，地域の方，職場体験等でお世話になった方，1年生等を
　　　　　　招待して体育館で実施する

　第1学年の総合学習の「地域再発見　－先人から学ぶ－」で学んできた生徒ではありますが，立志に際して，もう一度自分たちの「地域」を感じてほしいという願いから，○○神社まで徒歩で訪れ祈祷をしたり，○○歴史館を見学したりすることにしました。

　立志のつどいでは，「地域で生きる自分のあるべき生き方」を模索してきたのだから，最終的に自分は様々な活動や地域の方々との出会いによって，この地域でどんな生き方をしていきたいのか自分なりの見解をもつことが，今回のテーマ（問い・課題）への最終的な解決へとつながります。それを，自己満足のものとするのでなく，友達はどう考えているのか加味しながら，保護者や教師，地域の人，1学年生徒等に表明することで，自分（たち）の思いが本当に響くものなのか感じてほしいと考え，このような流れとしました。

立志式会場図

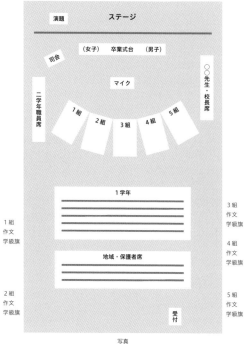

保護者への文書例

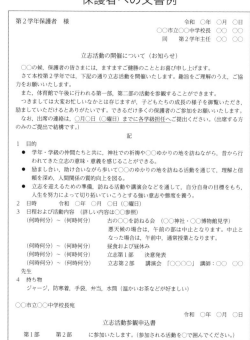

5 1年間の総合学習の集大成のため総合学習の活動例 その2
─文集作成を活かして─

　できれば3月中旬くらいに，生徒に手渡したいものです。それをもとに，最後の学年集会で，1年間の総合学習も振り返れるからです。

残るは，○○だけだね。

分担して取り組もう。

内　　容	途中経過	今後の予定
クラスページ	各クラスで作成中	・学級で原稿依頼 ・実行委員が編集
先生方の原稿	執筆依頼中	・担当委員が，各先生から回収
行事写真のページ	先生方から写真館から	・各クラスで委員が写真選定 ・レイアウトは委員と協力者 ※印刷所依頼は，○○Tにお願いする
生徒作文 ・宿泊学習の作文 ・職場体験の礼状 ・立志のつどい作文	・回収済み ・回収済み ・清書中	・ある分だけ，印刷所に送る ・個人写真も付ける
表紙・イラスト		・公募日 ・決定日

地域に生きるというサブテーマを付けてみては？

○文集を活かした総合学習の最終オリエンテーション

　3月の終わりに，総合学習のための学年集会をもってほしいと思います。そのなかで，1年間の活動を画像等で紹介して振り返ったり，生徒自身が気付かなかった自分たちの成長の姿を教師一人一人が語ったりしてほしいものです。次年度への総合学習の橋渡しの場としても有効に使ってほしいです。

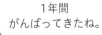

1年間がんばってきたね。

3年ではこんなことしたいな。

第 7 章

総合学習を校内研修の中心に
～「総合学習的校内研修モデル」の提案

❶ ここまでのまとめ

❷ 新学習指導要領のキーワードから

❸ 類似する枠組みから

❹ 予測困難な時代への対応

❺ 総合学習的校内研修モデルの提案

1 ここまでのまとめ

　第1章から第6章にわたり，総合学習や校内研修について，理念的なレベルから具体的，実践的なレベルまで，いくつかの視点から書きつづってきました。ここではまずそれらを簡単にまとめ，全体像を示すことで，読者のみなさんをより深い理解へと導いていきたいと思います。そして，「はじめに」にあるように，総合学習を校内研修の中心に位置付けることについて，その理由を述べていくとともに，校内研修の一つのモデルを提示します。

　第1章では，実践事例を織り交ぜながら，中学校での総合学習の意義が述べられています。はじめに，学校全体の組織運営，グランドデザインの作成といった**カリキュラム・マネジメント**の視点から，中学校を魅力的な学びの場にするための提言がなされます。そして，その視点と関連付けつつ，総合学習の充実が生み出す好影響として，次の4点が示されます。

> ①教師のカリキュラム・マネジメントの高まり
> ②教師の地域理解の深化と地域からの学校教育の理解の広がり
> ③生徒の学習意欲や思考力，表現力の高まり
> ④生徒の地域社会への理解と愛着，社会参画への意欲の向上

　このように，教師にとっても生徒にとっても，総合学習は意義深いものなのです。小学校の発達段階と比較して，教師も生徒もいっそう専門性を活かせることが，中学校での実践の強みといえるでしょう。

　①と②は，教師側の立場からのものですが，こうした好影響は，研修を行うことによってさらなる向上が期待できます。そこで**第2章**では，研修のなかでも「校内研修」に焦点をあて，その重要性について論じました。自己研修とは異なり，学校組織全体で行う校内研修は，教員にとっての**研修の「基盤」**となることを示し，**「何を」「どのように」**推進していけばよいのかについて述べられています。そして，**カリキュラム・マネジメント**の必要性がうたわれる昨今の状況から，総合学習を校内研修として位置付ける価値を最後に取り上げています。

　③と④は，生徒にとっての好影響を実践から語ったものですが，総合学習が生徒にどのような力を身に付けさせることができるのか，理念的に整理したのが**第3章**です。ここでは，まず学習指導要領が改訂された背景について述べ，総合学習の改訂ポイントについても端的にまとめています。そこから，総合学習の特質の一つである**探究的な学習**

をキーワードに，この学習にできることを，生徒の目線から3つ，語っています。

> ①生徒が自分のやりたいことにじっくり取り組める
> ②自分が住んでいる地域について学習できる
> ③学んだことが，自分の生き方を見つめ直すきっかけになる

　こうした具体的な生徒の学びの質を上げるキーワードが，探究的な学習であるというわけです。

　第4章では，上記の特質をもつ総合学習を実際に学んできた生徒の現在について紹介しています。神職，消防士とバラエティに富んだ職業ですが，志した動機やきっかけに総合学習が根付いているということがうかがえるでしょう。また，地域の方がどのように総合学習を受け止めているのか，ということにもふれています。

　第5章は，教員側の実務的なレベルから，4月に総合学習のオリエンテーションが始まる前にやっておくべきことをまとめています。教員は多忙ゆえに，日々雑務に追われることになります。そういうわけで，ポイントもシンプルにし，①**指導計画の概観**，②**外部人材への連絡**，③**予算希望**，**補助金申請**の3点にしぼりました。見通しをもった指導をしていくためには，これらのことを確認しておくことが望ましいでしょう。

　第6章は，本書の要であるともいえる，具体的な1年間の総合学習の流れを紹介しています。第1節では，**一人調べ**を軸とした総合学習のモデルを提示しています。どのような学習展開が組まれているのか，ステップごとに段階を踏まえて構成されているため，短時間でエッセンスをつかむことができると思います。第2節では，**学校行事**を総合学習に位置付けたモデルを展開しています。実践事例をもとに，イラストもふんだんに交えて描かれたこれらのモデルは，その具体性から，読者のみなさんにとっても総合学習のイメージを豊かにするものになるでしょう。

　このように，理念的なものから具体的なものまで，教師の立場と生徒の立場を織り交ぜながら展開してきました。そして，最終章となる**第7章**では，ここまでの流れを踏まえてつづられていくことになります。

2　新学習指導要領のキーワードから

　新学習指導要領では，改訂に至るまでにもいくつかのキーワードが話題になりました。一番の目玉は，なんといっても**アクティブ・ラーニング**だったといえるでしょう。関連書籍も続々と出版されました。これは新学習指導要領では「**主体的・対話的で深い学び**」へと変貌を遂げています。

もう一つは，これは学習指導要領にも残りましたが，**カリキュラム・マネジメント**というキーワードです。本書にも，幾度となく登場しています。このキーワードは，次のように説明されています。

　生徒や学校，地域の実態を適切に把握し，教育の目的や目標の実現に必要な教育の内容等を教科等横断的な視点で組み立てていくこと，教育課程の実施状況を評価してその改善を図っていくこと，教育課程の実施に必要な人的又は物的な体制を確保するとともにその改善を図っていくことなどを通して，教育課程に基づき組織的かつ計画的に各学校の教育活動の質の向上を図っていくこと

【中学校学習指導要領（平成29年告示），p.20.】

　ポイントを短くまとめると，**①教科横断的な視点による編成**，**②実施状況の評価，改善**，**③人的，物的資源の確保**，の3つに整理できます。このカリキュラム・マネジメントが，これからの社会に開かれた教育課程の実現に向けて，大切なキーワードとなってくるのです。

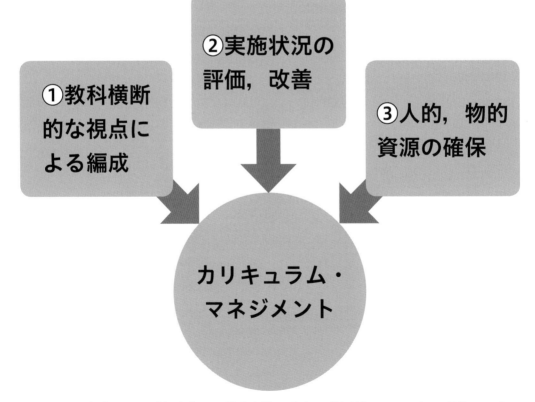

　そして，本章冒頭の「総合学習を校内研修の中心に位置付けること」の意義は，実のところ，この3つのポイントのなかにかくれています。なかでも，とくに①が当てはまるといえるでしょう。その理由を少し詳しく見ていきたいと思います。

学習指導要領解説には，今回の改訂による総合学習を研修に位置付ける意義が，次のように述べられています。

> 　特に，今回の改訂により，総合学習の目標は，各学校の教育目標を踏まえて設定されることとされ，教科等横断的なカリキュラム・マネジメントの軸となることが明らかとなったことからも，学校全体で行う研修に位置付ける意義がある。
> 　　　　　　　【中学校学習指導要領（平成29年告示）解説 総合学習編，p.132.】

　ここからは，まず学校教育全体と総合学習との目標についての関連性が読み取れます。各学校では，目指す学校像や生徒像，教師像といった下位項目の最上位に，独自の学校教育目標が掲げられています。こうした学校教育目標は固定的，永続的なものではなく，時代の動向や生徒の実態に応じて見直しが図られます。

　総合学習の目標もまた，ご存知のように各学校によって独自のものを作成しなければなりません。そして，今回の改訂から，**学校教育目標を踏まえて設定**するということになりました。そういう意味で，総合学習について全教員で校内研修を行うことは，**その学校に対する理解を深める**ためにも有効であるといえるでしょう。

　もう一点は，総合学習が，**教科等横断的なカリキュラム・マネジメントの軸**とされていることです。総合学習が**横断的・総合的な学習**であるという特質は以前からいわれていましたが，それがカリキュラム・マネジメントと合致するというわけです。このことは，特に教科の専門性が高くなる中学校以降では大切になってくる視点です。教科の専門性が高くなるということは，横断的・総合的にとらえていく視点が薄くなってしまう懸念があるためです。自身の教科だけを追究して教えていればよい，という時代は終わりました。総合学習を校内研修に位置付けることで，教科の専門性にとどまらないカリキュラム・マネジメントの**教科等横断的な視点についての理解を深める**ことができるでしょう。

　このように，新学習指導要領のキーワードの一つであるカリキュラム・マネジメントに着目することで，総合学習を校内研修に位置付ける意義がお分かりいただけたかと思います。「①それぞれの学校教育目標に対する理解」という点は独自性に，「②教科等横断的な視点についての理解」という点は時代を見据えた一般性につながるでしょう。**独自性と一般性**，どちらの可能性にもつながる点もまた，総合学習を校内研修に位置付ける価値であるといえます。

```
┌─────────────────────────┐
│   総合学習とカリ          │
│   キュラム・マネジ        │
│   メントとの関連性        │
└─────────────────────────┘
           │
     ┌─────┴─────┐
┌──────────────┐  ┌──────────────┐
│ ①それぞれの学校 │  │ ②教科等横断的な │
│ 教育目標に対する │  │ 視点についての理 │
│ 理解（独自性）   │  │ 解（一般性）    │
└──────────────┘  └──────────────┘
```

3 類似する枠組みから

　総合学習を校内研修の中心に位置付けることのもう一つの意義は，新学習指導要領に明示されているわけではありません。しかし，前述のカリキュラム・マネジメントのポイント②「実施状況の評価，改善」を出発点に考えていくことで，その必要性が見えてきます。

　実施状況の評価，改善を図るためには，**PDCAサイクル**を活用していくことが効果的であるといわれています。PDCAサイクルは，元はといえば生産技術分野での品質改善を目的とした手法でしたが，教育界にも導入されてそれなりの年月を重ねました。簡単にいえば，Plan（計画）⇒Do（実行）⇒Check（評価）⇒Action（改善）の一連の流れを繰り返していくことで，質を高めようとする考えです。とりわけ，カリキュラム・マネジメントの文脈では，計画が編成に，実行が実施に変わり，教育の質を高めるための有効な手法として活用が求められます。

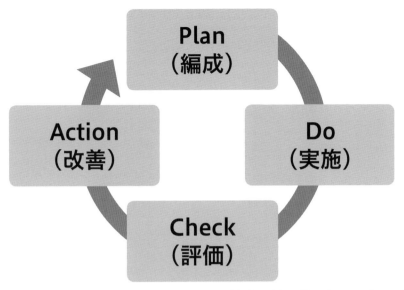

　PDCA「サイクル」というだけあって，その構造は循環型です。ただし，循環というと「同じ過程を繰り返す」というニュアンスにも受け取られてしまう可能性があります。過程は同じであっても，常によりよい教育の質を目指すわけですから，その内容は当然異なってきます。そういう意味では，実質的には循環構造というより**螺旋構造**に近いといえるでしょう。つまり，バネの形のようにぐるぐると回りながらも，その回る方向とは異なる方向にも進んでいくような構造です。

　校内研修であっても，このPDCAサイクルは効力を発揮します。校内研修もまた，よりよいものにすることで，教育の質の向上を目指す必要があるためです。具体的には，まず，1年間のいつ，どういった内容の研修を行うのかという計画を立てます。それにより，見通しをもって研修に臨むことができます。そして，計画に基づいて研修を実施します。そこでは，計画通りに展開するものと，当初の想定通りには進まなかったものがでてくるでしょう。そうした点を評価や反省として残していきます。次回の研修にすぐに改善できそうな内容であればすぐに反映させ，難しい場合は次年度の計画に改善案を盛りこみます。このように，PDCAサイクルを校内研修に活用することで，よりよい教育の質を目指していくことが可能になるのです。

　一方で，総合学習にはどのような特質が見られるでしょうか。**横断的・総合的な学習**であるということについては，すでに述べました。もう一つの特質は，**探究的な学習や協働的な学習**であるということです。とりわけ，探究的な学習については，その過程が次のように明示されています。

探究的な学習における生徒の学習の姿

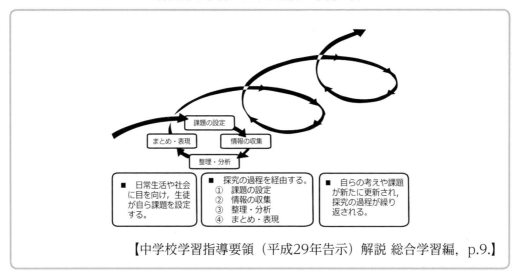

【中学校学習指導要領（平成29年告示）解説 総合学習編，p.9.】

　図からも分かるように，探究の過程では，**①課題の設定**，**②情報の収集**，**③整理・分析**，**④まとめ・表現**の4段階を経由して学びが展開していきます。そして，学びを広げ深めていくことで自分の考えや課題が新たに更新され，再び探究の過程を繰り返していくという構造になっています。これもまた，循環構造というよりは**螺旋構造**をもった過程であるといえるでしょう。

　ここまでくれば，もうお気付きの方も多いかもしれません。そう，**校内研修においても，総合学習においても，効果的に展開していくために螺旋構造をもったシステムを導入している**，という共通性があるのです。こうした共通性をうまく生かすことができれば，総合学習の探究の過程を校内研修に導入し，なおかつPDCAサイクルを回していく，という展開が期待できるでしょう。具体的なモデルは後述しますが，この共通性こそが，総合学習を校内研修の中心に位置付ける意義であるといえます。

4 　予測困難な時代への対応

　さて，ここまで述べてきた螺旋構造という共通性に着目し，さらに一歩先へ進んでみたいと思います。それは，PDCAサイクルには，ある弱点が見られるためです。その弱点を補完すべく，新たな螺旋構造を導入することで，これからの時代に一層妥当する枠組みを模索していきます。

　PDCAサイクルの弱点，それは**①予測困難な展開に対応しきれない**，**②サイクルを回すのに時間がかかる**，ということです。PDCAサイクルのPlan（編成，計画）の段階では，もちろん現実の状況に即して計画されますが，めまぐるしく変化する現代にお

いては，実施する段階ですでに計画のときとは状況が異なってしまっている可能性があります。実施後に評価，改善するとはいえ，時々刻々と状況が変化する展開には十分対応できるとはいいがたいのです。そして，PDCAサイクルは比較的長期的な展望のもとに取り入れられます。それゆえ，当然のことながらサイクルを回すのには時間がかかり，短期的に解決しなければならない問題が生じたときには効力を発揮できません。

　一昔前であれば，こうしたポイントは弱点にはならなかったかもしれません。それだけ，時代が変わってきたのです。新学習指導要領解説に載っている改訂の経緯を見ても，これからの時代の難しさがよく分かります。

> 今の子供たちやこれから誕生する子供たちが，成人して社会で活躍する頃には，我が国は厳しい挑戦の時代を迎えていると予想される。生産年齢人口の減少，グローバル化の進展や絶え間ない技術革新等により，社会構造や雇用環境は大きく，また急速に変化しており，予測が困難な時代となっている。
>
> 【中学校学習指導要領（平成29年告示）解説 総合学習編，p.1.】

　このような予測が困難な時代にあっては，人間にしかできない新たな価値を創造していくことが求められるといえるでしょう。こうした時代背景を踏まえて，新学習指導要領の改訂がなされたわけです。

　予測困難な時代に警鐘を鳴らしているのは，もちろん学習指導要領だけではありません。現代社会を表すことばに**VUCA（ブーカ）**と呼ばれるものがあります。これは，Volatility（変動性），Uncertainty（不確実性），Complexity（複雑性），Ambiguity（曖昧性）の頭文字をとったことばです。例えば，昨日まで常識であったものが明日には一変するといった事態（変動性），原発事故などによる絶対的な安全神話の崩壊（不確実性），いくつもの要因が幾重にも絡み合うことによる可視化の難しさ（複雑性），1つの価値に両義的な側面が見いだされてどっちつかずになってしまう（曖昧性）など，現代が予測困難であることをよく物語ることばだといえるでしょう。

Volatility （変動性）	**Uncertainty** （不確実性）
Complexity （複雑性）	**Ambiguity** （曖昧性）

VUCA

　では，こうした予測困難な時代に対応できるような螺旋構造をもつ枠組みには，どのようなものがあるのでしょうか。ここでは，**OODA（ウーダ）ループ**という概念を紹介したいと思います。この概念は，もともとはアメリカ空軍のジョン・ボイド氏によって開発された戦略理論です。それが近年ビジネス界で注目されるようになりました。教育界ではまだほとんど注目されていませんが，その弾力的な枠組みは教育界にこそ有効なものであると考えます。

　OODAループは，Observe（観察）⇒Orient（方向付け）⇒Decide（決定）⇒Act（行動）の一連の流れです。それをループすることでフィードバックし，次のステップへ進みます。サイクルとループはともに繰り返しや循環といったニュアンスがありますが，サイクルが比較的長期であるのに比べ，ループは短期的なものとイメージしておくとよいかもしれません。まず最初の「観察」は，いわゆる現状把握，現状認識です。目の前の状況をつぶさに観察し，何が求められているかといったことや，解決すべき課題を見いだします。次の「方向付け」は，そのニーズや課題解決のために，どのような方策や手立てを立てるべきか，いくつかの方向性を考えることです。「決定」では，そのいくつかの方向性から，最も目的にかなったものを選択します。最後の「行動」で，決定された方策を実行します。方向付け，決定，行動については，観察へと適宜フィードバックされ，予測困難な状況でも一定のスピード感をもって対応することが可能な枠組みなのです。この理論は，長期的な展望に基づく教育計画に当てはめるのではなく，日々の授業実践での判断といった短期的なスパンでの対応で効力を発揮すると考えます。教育場面での即興的な望ましい判断を**教育的タクト**と呼びますが，OODAループをうまく活用することで，教育的タクトも磨かれるでしょう。

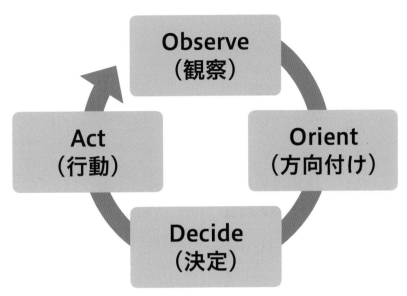

Observe（観察）
Orient（方向付け）
Decide（決定）
Act（行動）

　加えて，この理論は「ループ」と銘打っていますが，実質的には循環構造ではなく，**螺旋構造**であるということもお分かりいただけるでしょう。この枠組みもまた，フィードバックすることでそれぞれの段階の精度を向上させることが可能であるためです。

　以上のように，予測困難な時代に対応する枠組みとしてOODAループを紹介しましたが，これはPDCAサイクルに取って代わるものであるとか，より優れているとかいうわけではありません。そうではなく，これらは補完的な関係にあるのです。したがって，目的や状況に応じて使い分けることが必要になってくるでしょう。簡単にまとめると，PDCAサイクルの特質は**長期的，計画的，固定的**であり，OODAループは**短期的，即興的，弾力的**であるといえます。比較的見通しが立ちやすく，安定した事象にはPDCAサイクルを，予測が難しく不安定な事象にはOODAループを用いるといった使い分けが肝要です。それぞれのメリットとデメリットを十分に把握して活用することで，一層の効果が得られることでしょう。

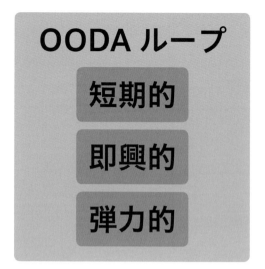

5 総合学習的校内研修モデルの提案

　さて，ここまで総合学習を校内研修の中心に位置付ける意義について，検討を重ねてきました。最後に，その議論を踏まえて「総合学習的校内研修モデル」を提案したいと思います。今までの図よりも少々複雑であるため，先にモデル図を示し，それから説明を加えていくことにしましょう。

PDCAサイクル（長期的、計画的、固定的）

OODAループ（短期的、即興的、弾力的）

探究の過程
（チームによる
テーマの探究）

校内研修に総合学習を位置付け、
カリキュラム・マネジメントの軸に

ポイントは，螺旋構造です。本書では，探究の過程，PDCAサイクル，OODAループと3つの螺旋構造を紹介しましたが，それらが長期的な対応か短期的な対応かといった文脈に応じて組み合わされています。1年間の見通しを立て，決められた日に決められた内容の研修を行うといった長期的で安定した事象にはPDCAサイクルを用います。そして，各回の研修においては，総合学習をテーマに，その探究の過程を取り入れて実施します。教科等横断的な特質を踏まえ，専門教科の異なる教員で4〜6人のチームをつくり，チームごとに①課題の設定，②情報の収集，③整理・分析，④まとめ・表現まで進められるとよいでしょう。最後のチームごとの発表までを含めて，3〜4回の研修で1セットとし，次のセットではチームを入れ替えます。こうすることで，教科間の理解だけでなく，同僚間の理解も深まることが期待できます。OODAループは，探究の過程の各段階にうまく組みこむことが可能でしょう。とりわけ，このモデルではチームでの話し合いは不可欠です。そうした際に，状況に応じて柔軟に対応できる枠組みであるOODAループの理論を共有しておくことは，建設的かつ円滑に話し合いを進める有効な手立てとなるはずです。

　このように，総合学習を校内研修の軸とすることで，教員の資質・能力の向上が期待されます。総合学習では子どもが育つだけではなく，教師も育つという，本書のタイトルの意味がご理解いただけるでしょう。今こそ「総合」，取り組んでみませんか。

あとがき

　読売新聞（2017/8/11）で，「世界の教育大臣」と呼ばれる経済協力開発機構（OECD）の教育・スキル局長であるアンドレアス・シュライヒャー氏は，「過去15年の日本の学力向上は，総合学習の成果だと考えると説明がつく。そして，シンガポールや上海では，総合学習のような探究的学習を日本以上に優先してやっている。この結果，生徒が主体性や独創性を発揮して，失敗から学ぶ時間的な余裕もできた」と述べています。

　これまでの日本の学力の向上，そして今後，人工知能（AI）とグローバル化の時代を生きる力を育むため，探究的な学習が増々重要になることは明らかです。まさに，総合学習は学力アップの鍵だ，と考えます。また，「知識基盤社会」の時代を担う子どもたちに求められるのは，「生きる力」です。その必要な主な能力（キー・コンピテンシー）は，①活用する力，②人間関係形成能力，③自立的に行動する能力であり，この能力を学校教育で培ううえで最も適している学習活動は，総合学習だ，と考えます。

　では，どうすれば，中学校の教師は，総合学習の「学び」を教科指導，生徒指導等と同様に，またはそれ以上であると自覚し，ていねいに実践を積み重ね，形式的な総合学習から生徒中心の探究的な総合学習にすることができるのでしょうか。それには，現場の教師にとっては，やはり総合学習で育った生徒の具体的な姿を実際に見たり，聞いたりすることでしょう。そのために，特に重要なことは，各学校で，校長のリーダーシップのもと，近隣の学校間で具体の生徒の姿を通じて教師による授業参観，研究協議，さらには生徒の授業交流など，総合学習の研修交流を行うことが有効だ，と考えます。その研究協議の際には，先進校となる実践事例と擦り合わせながら授業を分析することが大切です。そして，その際には，本書をぜひ活用してほしいものです。

　本書を編集するにあたっては，小中学校現場をよく知る全国各地で総合学習の実践研究を積み重ねてきた実践者に自分の実践を基に執筆してもらいました。本書を手にすれば，いつからでも授業，校内研修に活用することができます。例えば，実践事例1では，時系列（ステップごと）に実践を紹介するなど，できるだけ中学校の教員の皆さんが仕事をしながら読み，すぐに活用できるものにしました。本書のM中学校の実践は，筆者が勤務した小学校をモデルにして構想・実践したので，小学校の教員の皆さんにも十分参考になる内容構成となっています。また，本書は，年間を通しての校内研修にも，そして，日々の授業実践にも活用できる内容構成にもなっています。この本書を参考にしながら，今回の学習指導要領改訂の基本的な考え，「総合学習に探究的な学習をさらに重視し，各教科等で育成する資質・能力を相互に関連付けて，実社会・実生活において活用できるものとする。さらに各教科等を越えた生き方につながるような学習の基礎となる資質・能力を育成する。」ことをしっかりと押さえつつ，日々の実践を通して，それぞれの教師そして生徒一人一人にとっての探究的な総合学習を求め続けてほしいものです。

2020年2月吉日　　　鈴木　亮太

執筆者一覧

編著者

東京未来大学　鈴木　亮太 ……………………………………………… 第4章，第6章第1節

執筆者

神林　哲平（早稲田大学系属早稲田実業学校初等部教諭）……………………… 第5章，第7章

大和田昌夫（茨城大学教育学部附属小学校主幹教諭）………………………… 第6章第2節

真鍋健太郎（静岡県小山町立北郷小学校教諭）…………………………………… 第3章

小林　晃彦（上越教育大学特任教授　前新潟県上越市立城北中学校校長）………………… 第1章

久地岡啓一郎（水戸市立河和田小学校校長　前茨城大学教育学部附属小学校副校長）………… 第2章

城北中学校「総合的な学習の時間」全体計画

総合的な学習の時間の目標 (学習指導要領)
(1)　探究的な学習の過程において，課題の解決に必要な知識及び技能を身に付け，課題に関わる概念を形成し，探究的な学習のよさを理解するようにする。 (2)　実社会や実生活の中から問いを見いだし，自分で課題を立て，情報を集め，整理・分析して，まとめ・表現することができるようにする。 (3)　探究的な学習に主体的・協働的に取り組むとともに，互いのよさを生かしながら，積極的に社会に参画しようとする態度を養う。

本校の教育目標「深く考え，ともに向上を目指す生徒」			
	「知」を身に付けた姿	「徳」を身に付けた姿	「体」を身に付けた姿
知識及び技能	課題の解決の基盤となる知識及び技能を習得する。	人権や生命の尊重をはじめとする道徳的価値に関する知識及び技能を習得する。	生涯に渡って活用できる体育，健康，安全に関する知識及び技能を習得する。
思考力，判断力，表現力等	各教科等の学びを生活に結び付け，身近な課題を解決することができる。	自己を見つめ，道徳的価値に照らし，人間としての生き方について深く考えることができる。	身の周りの危険を予測・回避し，周囲に呼び掛けることができる。
学びに向かう力，人間性等	自他を理解し，学校内外の多様な他者と協働的・対話的に学び，主体的に参画しようとする。	他者とともに，自らよりよく生き，よりよい社会を創ろうとする。	運動に親しみ，健康で安全に生活しようとする。

本校の「総合的な学習の時間」において育成を目指す生徒の資質・能力		
知識及び技能	思考力，判断力，表現力	学びに向かう力，人間性等
地域内外の人，もの，ことに関わる探究活動において，各教科等の学びを生かし地域内外の自然や社会が持続可能である上での課題や自己の生き方に関わる課題の解決に必要な知識及び技能を身に付ける。	地域内外の人，もの，こと等との関わりを通じて，それらの事象や自己の生き方から問いを見出し，課題解決に向けて探究し，考えたことをまとめて，表現する力を身に付ける。	地域内外の人，もの，こと，自己の生き方に関わる探究活動において多様な他者と協働的・対話的に取り組み，地域内外の自然や社会が持続する上での課題を解決するために，自己の行動の在り方を考えて自ら社会に参画しようとする態度を育てる。

学年	探究課題	探究活動を通して育成する資質・能力		
		知識及び技能	思考力，判断力，表現力等	学びに向かう力，人間性等
1学年	・ナカノマ探 ・Rikka 　身近な地域の魅力，課題から上越市の持続可能性を考える。 〈関連するSDGs〉 ※SDGs11:住み続けられるまちづくりを ※SDGs15:陸の豊かさを守ろう ※SDGs8:働きがいも経済成長も	・中ノ俣の魅力や課題について，上越市全体やほかの市町村の比較から俯瞰的にとらえて理解する。 ・Rikkaを通して見える上越市の未来像について，中ノ俣やほかの市町村との比較から理解する。	・中ノ俣の魅力，課題を見出し，地域の多様な他者との交流を通じて，情報を集めて整理・分析してまとめて，表現できる。 ・Rikkaの活動から見える上越市の未来像について多様な他者との交流を通じて，情報を集め整理・分析してまとめて，表現できる。	・中ノ俣の魅力，課題を仲間との協働を通して自分なりに考えて学びを深める態度を育てる。 ・Rikkaの活動から地域の魅力，課題を仲間との協働を通して自分なりに考えて学びを深める態度を育てる。
2学年	・夢チャレンジ ・地域活性化活動 　働く意味や働きがいを知り，働くことと地域活性化との関係について明らかにする。 〈関連するSDGs〉 ※SDGs11:住み続けられるまちづくりを ※SDGs8:働きがいも経済成長も ※SDGs10:人や国の不平等をなくそう	・夢チャレンジを通して地域の多様な他者と働くことについて理解する。 ・他地域の活性化の取り組みから身近な地域の活性化について考え表現したりするための方法を理解し，技能を習得する。	・夢チャレンジを通して働く意味について多様な他者と交流を通じて情報を集め整理・分析してまとめて，表現できる。 ・地域活性化活動から見える働くことと地域活性化との関係について課題を立て，情報を集めて，整理・分析して，まとめ・表現することができる。	・夢チャレンジを通して働く意味や働きがいについて仲間との協働を通して自分なりに考えて学び深める態度を育てる。 ・地域活性化活動から働くことと地域活性化との関係について仲間と協働，参画を通して自分なりに考え，学びを深める態度を育てる。
3学年	・上級学校訪問 ・地域活性化活動 ・地域活性化のための提案 　これからの地域社会に求められる人間像，仕事像，まちの姿を考えて，私たちの歩み方を提言する。 〈関連するSDGs〉 ※SDGs11:住み続けられるまちづくりを ※SDGs3:すべての人に健康と福祉を ※SDGs5:ジェンダー平等を実現しよう ※SDGs16:平和と公正をすべてのひとに	・上級学校訪問を通じて自己の生き方を見つめ直し，将来の自分について理解する。 ・これからの地域社会の姿について，他地域との比較や多様な他者との関わりから俯瞰的にとらえて理解する。	・上級学校訪問から将来の自分について多様な他者との交流から考えて，情報を集め整理・分析してまとめて，表現できる。 ・これからの地域社会の姿を多様な他者との交流を通じて見出し，情報を集め整理・分析してまとめて，表現できる。	・上級学校訪問からこれからの自分の姿について仲間との協働，参画を通して自分なりに考えて学びを深める態度を育てる。 ・これからの地域社会の姿を仲間との協働，参画，提言を通して自分なりに考えて学びを深める態度を育てる。

指導方法	指導体制		学習評価	教育資源	連携
・課題意識を喚起する指導法の工夫 ・言語活動を積極的に取り入れた学習活動の位置づけ ・各教科との関連を意識した学習活動の展開 ・対話やコミュニケーションを重視した学習活動の推進	・総合的な学習担当部を中心とした企画・調整を機能させる。 ・学年部を中心とした指導とサポートの体制を整える。 ・学年部会で実践と情報の交流を活発に行う。 ・担任以外の教職員による支援体制を整える。	・外部機関からの支援を積極的に受ける。 ・学習後に各学年での活動内容を学年回覧して，活動内容の周知徹底を図る。 ・学期末に使用した資料，教材，ワークシートを蓄積して来年度への学習と連携する。	・ポートフォリオを活用した評価 ・個人内評価 ・発表の場を設けた他者評価 ・地域へ発信し，大人や他者からの評価	・町内会長や地域の関係機関の協力による体験活動 ・社会福祉協議会や民生委員の授業援助 ・資料館，図書館等の利用 ・地域の商店街の協力による仕事体験の実施 ・地域人材と地域資源の活用	・中学校校区内の連絡協議会において，育てたい資質・能力の系統性についての意見交換 ・総合的な学習の時間の内容や指導法工夫の交流

城北中学校　「総合的な学習の時間」年間指導計画

【第1学年】　※【　】内の語句は, ESDコンテンツとの関わりを示す。　※（　）内の数字は時数を示す。

月	学校行事	探究 プロセス	探究課題「ナカノマ探」 山村部・第一次産業	探究課題「Rikka」 商業地・第二次三次産業	探究 プロセス
4	始業式・入学式 生徒会入会式	課題 設定	・昨年度の活動紹介（1） ・中ノ俣地区の魅力探し（3） ・中ノ俣の課題探し（3） 　（中ノ俣が持続する上での課題） 【地域連携】【環境教育】		
5	生徒総会 いきいき活動				
6	地区各種大会 人権集中学習	情報 収集	・課題への仮説立て（3） ・仮説の検証, 情報収集（8） 　（地域探究活動） 【情報教育】【環境教育】	Rikkaプロジェクト 【地域連携】 ・市街地の魅力探し（1） ・地域の魅力を反映した商品開発 　（1）	課題 設定
7	通信陸上大会 終業式			・高田商業高校との情報交換会 　（1）	情報 収集
8	職場体験 始業式			・商品販売・地域の魅力や課題の 　街角アンケート	
9	体育祭 市科学研究発表会			・市街地の魅力と課題のまとめ活 　動（2）	整理分析 まとめ 発表
		整理 分析	・課題へのまとめ活動（2）		
10	市新人各種大会 合唱祭	まとめ 発表	・中ノ俣の課題解決に向けた調査 　の発表会（2）		
		課題 設定	・発表の振り返り（1） ・中ノ俣から持続可能な社会を実現するための追究課題の設定（3） ※課題設定のさいにRiikaから学んだ商業地が発展, 持続するための取 　り組みや工夫の視点を生かす 【地域連携】【環境教育】		
11	スタートライン公演	情報 収集	・課題への仮説立て（3） ・仮説の検証, 情報収集（8） 　（地域探究活動） 【情報教育】【環境教育】		
12	始業式				
1	始業式	整理 分析	・課題へのまとめ活動（4）		
2	生徒総会	まとめ 発表	・中ノ俣から持続可能な社会を実現するための課題につい発表会とシ 　ェアリング（2）		
3	終業式		・活動の振り返り（2）		

【第2学年】　※【　】内の語句は，ESDコンテンツとの関わりを示す。　※（　）内の数字は時数を示す。

月	学校行事	探究プロセス	探究課題「夢チャレンジ」	探究課題「地域探究活動」	探究プロセス
4	始業式・入学式 生徒会入会式	課題設定	・昨年度の活動紹介（1） ・働く意味，働きがいについて調査活動【地域連携】（4）		
5	生徒総会 いきいき活動	情報収集	・職業調べ（4） ・地域の企業調べ（4） 　（地域探究活動）		
6	地区各種大会 人権集中学習		・働くことに関わる講演会（マナー教室）（2）【地域連携】【情報教育】		
7	通信陸上大会 終業式		・職場体験先事前訪問（4） ・出陣式（2）		
8	職場体験 始業式		・仮説の検証（職場体験活動『夢チャレンジ』）【地域連携】【人権教育】		
9	体育祭 市科学研究発表会	整理分析	・課題へのまとめ活動（4）		
10	市新人各種大会 合唱祭	まとめ発表	・『夢チャレンジ』から学んだ働く意味，働きがいについて考えたことの発表会（2）		
11	スタートライン公演 県駅伝大会			・発表会の振り返り（2） ・上越市の課題から持続可能な社会の実現に向けた追究課題の設定，持続可能な社会への取り組みで特筆する取り組みをしている地域との比較から，身近な地域の課題設定（6） ※市内人口の流出，労働人口や店舗数の減少など ※『夢チャレンジ』の学習内容を生かし，労働という視点からも課題を設定【情報教育】	課題設定
12	生徒会役員選挙 始業式			・課題への仮説立て（4） ・他地域の取り組みの調査活動（4） ・他地域と身近な地域との比較のためのテーマ設定（4） ・地域活性に関わる講演会（2）【地域連携】	情報収集
1	始業式 3年三者面談				
2	生徒総会 スキー授業			・他地域との比較に向けた検証準備【情報教育】（14）	
3	卒業式 修学旅行 終業式			・課題検証（修学旅行）（5）	整理分析
		まとめ活動	・課題へのまとめ活動，他地域から学んだ持続可能な社会に向けた取り組みについての発表会とシェアリング，地域社会への提言（2）		まとめ活動

【第3学年】　※【　】内の語句は, ESDコンテンツとの関わりを示す。　※(　)内の数字は時数を示す。

月	学校行事	探究プロセス	探究課題「持続可能な街づくりと自分の将来」		探究プロセス
			地域社会	自分の将来	
4	始業式・入学式 生徒会入会式	課題設定	・昨年度の活動紹介(1)		
		情報収集	・中ノ俣での活動, 職場体験, 修学旅行から持続可能な社会に向けた取り組み案・テーマ設定(3)		
5	生徒総会 いきいき活動	整理分析	・取り組み案・テーマのまとめ活動(2)		
		まとめ発表	・発表会とシェアリング(2)		
6	地区各種大会 人権集中学習	課題設定	・取組案・テーマを実現する上での課題探し(2) (実現する上での専門知識, スキルなど)	上級学校訪問 【地域連携】 ・自分の将来像やそのための進路を学ぶ。(4)	課題設定
7	通信陸上大会 終業式	情報収集	・課題解決に向けた情報収集(2) 【情報教育】	・上級学校調査(修得できる専門性, スキル, 資格など), 上級学校訪問(8)	情報収集
8	職場体験 始業式			(各種高校体験入学)	
9	体育祭 市科学研究発表会	整理分析	・取組案・テーマの検証準備(地域活性化準備)(6)	・調査のまとめ活動(4)	整理分析
				・上級学校調査の発表会とシェアリング(4)	まとめ発表
10	市新人各種大会 合唱祭	整理分析	・上級学校調査を踏まえて将来の自分という視点から地蔵可能な社会に向けた取り組み案・テーマの見直し(2) ・取り組み案・テーマの検証準備(4)		
11	スタートライン公演 県駅伝大会		・取り組み案・テーマを地域に参画して検証 (地域活性化活動)(12)		
12	生徒会役員選挙 始業式		・検証のまとめ活動(4)		
1	始業式 3年三者面談	まとめ発表	・パネルディスカッション(4) ・これからの上越市の姿について発表(2) ・持続可能な社会と自分の将来との関わりについてレポート作成(4)		
2	生徒総会 スキー授業				
3	卒業式 修学旅行 終業式				

城北中学校　ユネスコスクール加盟校として育みたい資質・能力

　ユネスコスクールとは，ユネスコ憲章に示された，ユネスコの理想を実現するために，平和や国際的な連携を実践する学校であり，ユネスコが認定する学校である。当校は，平成30年7月に認定され，環境教育，人権教育，同和教育，総合的な学習の時間を中心に活動をスタートした。

①ユネスコ憲章（抜粋）

第1条　目的及び任務
1　この機関の目的は，国際連合憲章が世界の諸人民に対して人種,性,言葉又は宗教の差別なく確認している正義,法の支配,人権及び基本的自由に対する普遍的な尊重を助長するために教育,科学及び文化を通じて諸国民の間の協力を促進することによって,平和及び安全に貢献することである。

②ユネスコスクールとしての責務

　ESD（持続可能な開発のための教育）の拠点校として，以下の3点について努めなければならない。

○ESDを通じて育てたい資質や能力を明確にし,自分で,あるいは協働して,問題を見出し,解決を図っていく学習の過程を重視した教育課程を編成するよう努めること。
○総合的な学習の時間を中心とした教科横断的な指導計画を立てるなど,指導内容を適切に定め,さらに,指導方法の工夫改善に努めること。
○ESDの推進拠点として,研究・実践に取り組み,その成果を積極的に発信することを通じて,ESDの理念の普及に努めること。

③ESDで育む力

　ESDで育む力は，以下の6点であり，いずれも当校の「知・徳・体」に位置付けている資質・能力の3つの柱と関連がある。例えば，持続可能な開発に関する価値観の「人間の尊重」であれば，知育の「自他を理解すること」や徳育の「人権や生命の尊重」と関連する。また，体系的な思考の「問題や現象の背景の理解」であれば，知育の「課題解決の基盤となる知識」と関連する。

目指す生徒の姿 / ESDで育む力	「知」を身に付けた姿	「徳」を身に付けた姿	「体」を身に付けた姿
	①課題の解決の基盤となる知識及び技能を習得する。②各教科等での学びを生活に結び付け，身近な課題を解決することができる。③自他を理解し,学校内外の多様な他者と協働的・対話的に学び,主体的に参画しようとする。	④人権や生命の尊重をはじめとする道徳的価値に関する知識及び技能を習得する。⑤自己を見つめ,道徳的価値に照らし,人間としての生き方について深く考えることができる。⑥他者とともに,自らよりよく生き,よりよい社会を創ろうとする。	⑦生涯に渡って活用できる体育,健康,安全に関する知識及び技能を習得する。⑧身の回りの危険を予測・回避し,周囲に呼び掛けることができる。⑨運動に親しみ,健康で安全に生活しようとする。
持続可能な開発に関する価値観　人間の尊重	③自他を理解し	④人権や生命の尊重　⑤人間としての生き方	⑦生涯に渡って活用できる　⑨健康で安全に生活
多様性の尊重	③自他を理解し　③学校内外の多様な他者と	④人権や生命の尊重　⑥他者とともに	⑧周囲に呼び掛ける
非排他性	③自他を理解し　③学校内外の多様な他者と	④人権や生命の尊重　⑥他者とともに	⑧周囲に呼び掛ける
機会均等	③多様な他者と協働的・対話的に	④人権や生命の尊重　⑥他者とともに	⑦運動に親しみ,健康で安全に
環境の尊重	①身近な課題を解決	⑥よりよい社会	⑦健康で安全に
体系的な思考　問題や現象の背景の理解	①課題の解決の基盤となる知識	④人権や生命の尊重　④道徳的価値に関する知識	⑦生涯に渡って活用できる体育,健康,安全に関する知識　⑧身の回りの危険
多面的かつ総合的なものの見方	②生活に結び付け	④道徳的価値　⑤道徳的価値に照らし	⑦生涯に渡って活用できる
代替案の思考(批判力)	②身近な課題を解決する	⑥よりより社会を創ろうとする	⑧身の回りの危険を予測・回避
データや情報の分析力	②生活に結び付け	⑤道徳的な価値に照らし	⑧身の回りの危険を予測・回避
コミュニケーション能力	③学校内外の多様な他者と　③協働的	⑥他者とともに	⑧周囲に呼び掛ける
リーダーシップの向上	③主体的に参画	⑥よりよい社会を創ろうとする	⑧周囲に呼び掛ける

④各教科との関連，当校の校務分掌との関連

　各教科とESDコンテンツ，校務分掌の関係は次のようになっている。H31年度は，H30年度から継続的に取り組んでいる「環境教育」，「人権教育，同和教育」と新たに「国際理解教育」に重点を置き，これらと各教科との連携を明らかにして取り組む。

	新学習指導要領とESD	ESDコンテンツ	校務分掌
国　語	国語を尊重してその能力の向上を図る態度を養うことを求めているのは,我が国の歴史の中で育まれてきた国語が,人間としての知的な活動や文化的な活動の中枢をなし,一人一人の自己形成,社会生活の向上,文化の創造と継承などに欠かせないからである。	国際理解教育 世界遺産や地域の文化財等に関する教育	国際理解教育
社　会	よりよい社会の実現を視野に課題を主体的に解決しようとする態度を養うとともに,多面的・多角的な考察や深い理解を通して涵養される我が国の国土や歴史に対する愛情,国民主権を担う公民として,自国を愛し,その平和と繁栄を図ることや他国や他国の文化を尊重することの大切さについての自覚を深める。	環境教育　エネルギー教育 防災教育　生物多様性 気候変動　国際理解教育 世界遺産や地域の文化財等に関する教育	環境教育　平和教育 人権教育,同和教育 国際理解教育 道徳教育
理　科	人間が自然と調和しながら持続可能な社会をつくっていくため,身の回りの事象から地球規模の環境までを視野に入れて,科学的な根拠に基づいて賢明な意思決定ができるような態度を身に付ける。	環境教育 エネルギー教育　防災教育 生物多様性　気候変動	環境教育　安全教育
音　楽	我が国や郷土の伝統音楽,アジア地域の諸民族の音楽を含む諸外国の様々な音楽などの多様な音楽に触れ,人間の生活と音楽との関わりに関心をもたせ,生涯にわたり音楽文化に親しむ態度を育てる。	国際理解教育 世界遺産や地域の文化財等に関する教育	国際理解教育
美　術	身近な地域や日本及び諸外国の文化遺産(絵画,彫刻,デザイン,工芸,建築,生活用具などや,それらをつくりだした創造的精神や技術など,人々が自らの生活や人生をより豊かで充実したものにするために,それぞれの国や民族が長い歴史の中で,築き上げ受け継いできた有形・無形の文化財)などの美しさなどを感じ取り,美術文化について考えるなどして,見方や感じ方を広げること。	国際理解教育 世界遺産や地域の文化財等に関する教育	国際理解教育
保健体育	生涯にわたって豊かなスポーツライフを実現する資質・能力の育成に向けて,体力や技能の程度,性別,障害の有無等にかかわらず,運動やスポーツの楽しみ方を共有することができるようにする。	国際理解教育 その他に関する教育	国際理解教育 人権教育,同和教育 体育・健康に関する指導 性に関する指導
技術・家庭	安心,安全で豊かな生活や,環境保全と利便性が両立した持続可能な社会の構築を目指し,将来にわたり生活を工夫したり創造したりしようとする実践的な態度を養うとともに,自分や家族の消費行動,技術の評価,適切な選択と管理・運用,新たな発想に基づく改良と応用などが,これからの社会を方向づけていくことを踏まえ,主体的に意思決定したり行動したりして社会に参画しようする態度を育成する。	環境教育 エネルギー教育 生物多様性	環境教育 安全教育
外国語(英語)	我が国の文化や,英語の背景にある文化に対する関心を高め,理解を深めようとする態度を養うとともに,広い視野から国際理解を深め,国際社会と向き合うことが求められている我が国の一員としての自覚を高めるとともに,国際協調の精神を養う。	国際理解教育 世界遺産や地域の文化財等に関する教育	国際理解教育 人権教育,同和教育 平和教育
総合的な学習の時間	目標を実現するにふさわしい探究課題については,学校の実態に応じて,例えば,国際理解,情報,環境,福祉・健康などの現代的な諸課題に対応する横断的・総合的な課題,地域や学校の特色に応じた課題,生徒の興味・関心に基づく課題,職業や自己の将来に関する課題など踏まえて設定すること。	まちづくり貢献プロジェクト(地域探究Ⅰ,Rikka,職場体験,地域探究Ⅱ) 環境教育　生物多様性 世界遺産や地域の文化財等に関する教育	国際理解教育 進路指導　地域連携 情報教育　福祉教育 環境教育　平和教育 安全教育
道　徳	よりよく生きるための基盤となる道徳性を養うため,道徳的諸価値についての理解を基に,自己を見つめ,物事を広い視野から多面的・多角的に考え,人間としての生き方についての考えを深める学習を通して,道徳的な判断力,心情,実践意欲と態度を育てる。	人権教育, 同和教育推進プロジェクト(人権集中学習) 国際理解教育	人権教育, 同和教育男女平等教育 国際理解教育 道徳教育 生徒指導
特別活動	多様な他者と協働する様々な集団活動の意義や活動を行う上で必要となることについて理解し,行動の仕方を身に付けるようにする。集団や自己の生活,人間関係の課題を見いだし,解決するために話し合い,合意形成を図ったり,意思決定したりすることができるようにする。自主的,実践的な集団活動を通して身に付けたことを生かして,集団や社会における生活及び人間関係をよりよく形成するとともに,人間としての生き方についての考えを深め,自己実現を図ろうとする態度を養う。	まちづくり貢献プロジェクト(地域貢献活動) 人権教育, 同和教育推進プロジェクト(いじめ見逃し0スクール運動)	国際理解教育 人権教育,同和教育 道徳教育 学級活動 生徒会活動 研修部活動 安全教育 体育・健康に関する指導

編著者紹介

鈴木亮太　SUZUKI Ryohta

東京未来大学こども心理学部特任教授

早稲田大学教育学部　白百合女子大学文学部　中央学院大学商学部非常勤講師

1960年茨城県生まれ　茨城大学大学院教育学研究科修了，早稲田大学教育学部大学院教育学研究科博士後期課程（同大学非常勤講師採用の為）中退，修士（教育学）。大学卒業後，民間企業経験，茨城県公立小中学校教諭・管理職を経て，早稲田大学教師教育研究所招聘研究員（同研究所運営委員），中央学院大学，早稲田大学非常勤講師などを経て現職。学習指導要領の改善に関する調査研究協力者，中学校学習指導要領（平成20年告示）解説総合的な学習の時間編作成協力者，農林水産省「食事バランスガイド」活用検討委員会委員などを務める。

専門は，教育学（総合的な学習の時間，生活科，社会科教育法，授業研究，教師教育等）

[主な編著書・共著]

『中学校総合的な学習ビジュアル解説27』（日本文教出版），『中学校　地理のおもしろ授業づくり』『生活科・総合的学習で高まる「学校力」』『中学校新学習指導要領の展開総合編』（明治図書），『学力向上実践事例集』全6巻（研究開発研究所），『新学習指導要領ポイントと授業づくり』（東洋館出版），『教科と総合の関連で真の学力を育む』『小学校教育課程講座総合的な学習の時間』『中学校教育課程講座総合的な学習の時間』（ぎょうせい），他多数。

今こそ「総合」教師が育つ，子どもが育つ
～総合の学びは学校そして未来を創る～

2020年2月28日　　第1刷発行

編著者	鈴木亮太
発行者	藤川　広
発行所	大日本図書株式会社
	〒112-0012　東京都文京区大塚3-11-6
電　話	03-5940-8673（編集）　　03-5940-8676（販売）
	048-421-7812（受注センター）
振　替	00190-2-219

表紙，本文デザイン，図版　　株式会社 加藤文明社印刷所

挿　絵　　中澤一宏

印　刷　　株式会社 加藤文明社印刷所／製本　　株式会社 若林製本工場